文芸社セレクション

THANK YOU MY DEAR
萩原健一

新井 啓介

ARAI Keisuke

文芸社

目次

イントロダクション

初めての歌謡曲。出会いはグループサウンズ（ＧＳ）だった。その瞬間を今年65歳になる今もはっきりと覚えている。

小学２年生だった。ある日の午後、まだ昼間だったので土曜か日曜だったのだろう。自宅の居間にいると母親がつけていたラジオから歌が流れてきた。子ども心にいい歌だなと思った。ザ・タイガースの「モナリザの微笑み」だ。

ネットで調べると、「モナリザの微笑み」はタイガース３枚めのシングル。リリースは１９６７年の８月。ということは夏休みだったのか。時期までは把握していなかった。「モナリザの微笑み」聴きたさに、タイガースが歌番組に出演すると知ってチャンネルを合わせた。すでに新聞のＴＶ欄だけは毎朝目を通していたので。確かＴＢＳ『歌のグランプリ』だったと思う。

タイガースがグループ（バンド）であることに興味を持った。５人のメンバーが各々楽器を演奏しながら歌うスタイルに。それからというもの、ＴＶでタイガースを追いかけた。普通ならヴォーカルのジュリー（沢田研二）に注目するのだろう。そうはならなかった。興味の的は楽器を演奏する人だったので。

当時、ヴァイオリン教室やピアノ教室に通いたくてたまらない小学生だったのだ。ピアノを弾く自分の絵を描いて母親に直訴したことがある。叶わなかったが。今でもピアノ、キーボードを弾くミュージシャンに対して憧れがある。プロでなくても、女性ならなおさらのこと。

アメリカのテレビ映画『ザ・モンキーズ』が始まったのがちょうどこの頃だ。夢中になった。この番組でもヴォーカルのデイビーよりギターのマイクがお気に入りだった。GSブームは歌謡界を席巻して、さまざまなグループが歌番組に登場した。それで知った。楽器を演奏しながら歌う人がいる！

当時自分の中ではヴォーカル（歌うだけの人）にそれほど重きをおいていなかった。歌なんて誰でも歌えるじゃないか。当時はそんな不遜な思いがあったのである。何考えていたのか、実に恥ずかしい。今は大いに反省しているが若気の至りということで、許されて。

決定的だったのは、トッポ（加橋かつみ）がギターを弾きながら「花の首飾り」を歌う姿を見たときだ。いっぺんに虜になった。

「花の首飾り」には忘れられない思い出がある。

当時近所の同級生Tくんといつも一緒に遊んでいた。ある日、Tくん家に行くと、歳の離れたお兄さんがギターを弾いてくれた。その姿を熱心に見ていると、「何か聴きたい曲はある？」。当然大好きな「花の首飾り」をリクエストした。前奏部分をつまびいてくれた。左手の指でギターのネック（なんて名称は当時知らなかったが）の弦のいくつかを押さえ、右手で弦の一つひとつを弾いていく。アルペジオ奏法なんて知るはずもない。その音色にうっとりして何度も弾いてもらった。お兄さんが教えてくれた。左手で押さえたのはコードというものだと。「で、これはAmなんだ」

最初に覚えたコードがAm。ラドミは、今でも一番好きな和音である。

閑話休題。そんなわけだから、トッポが脱退したとたんにタイガースに対する興味を失った。とはいえGS（バンド）に関心がなくなったわけではない。次はどのグループを追いかけようか？　そう思った瞬間も覚えている。なぜか。

ジャッキー吉川とブルーコメッツ　井上忠夫（フルート&サックス）、三原綱木（ギター）

ザ・ワイルドワンズ　鳥塚しげき（ギター）

ザ・カーナビーツ　アイ高野（ドラムス）

ヴォーカルが楽器を演奏するグループはいくつかあった。どれも注目はしていた。しかし、次に追いかけたのはザ・テンプターズだった。

えっ、ヴォーカルのショーケンは歌オンリーだよね？

自分でも不思議に思うことがある。なぜテンプターズだったのだろう？　というか、当時はショーケンしか見ていなかった。タイガーズと違って他のメンバーにはほとんど興味がなかった。

タイガースならトッポのほかに「青い鳥」を作詞作曲したタロー（森本太郎）にも注目

していた。当時、歌は専門の作詞家、作曲家が作るものという認識があって、それを一人でやってしまうのだから特別な人に思えたのだ。

実はその前から歌番組の、歌のタイトルとともに表示される作詞作曲のクレジットで浜口庫之助が気になっていた。一人で作詞作曲するところに。

作詞作曲するばかりかその歌を演奏してしまう。すげぇ！　シンガー・ソングライターなんて言葉も存在も知らなかった。

中学生になってから知るのだが、1966年にビートルズが来日して武道館でコンサートが開催された。そのTV中継があった。僕が小学1年生のときだ。もしその中継を観ていたら、絶対ファンになっていたと思う。もう少し早く歌謡曲を知っていたら荒木一郎のファンになっていたかも。ヒット曲「空に星があるように」は自作自演なのだから。


テンプターズの話だった。

テンプターズは1967年に「忘れ得ぬ君」でデビュー。

メンバーは5人。

萩原健一…ヴォーカル
松崎由治…ギター
大口広司…ドラムス

田中俊夫…ギター
高久昇　…ベース

翌年「神様お願い」をリリースしていて、このあたりから「歌のグランプリ」で見ている。「神様お願い」も「忘れ得ぬ君」もリーダーの松崎由治の作詞作曲。ギターを担当し、おまけに曲を自作する。なおかつ「忘れ得ぬ君」は自らヴォーカルをとっているのだ。タイガースではトッポのファンになり、タローに注目したのなら、テンプターズなら絶対松崎由治こそ憧れの人になるだろう。そうはならず、ショーケンのファンになったのが長い間の謎だった。

もしかしたら「エメラルドの伝説」がヒットしたあたりから歌番組で見だしたのだろうか。次のシングルは「おかあさん」。雑誌「平凡」で募集され入賞した歌詞を松崎由治が補作、作曲している。この歌も大好きだった。ずいぶん長い間、ショーケンのヴォーカルだと思っていた。

半世紀以上経ってYouTubeで当時の演奏シーンを見て膝を打った。歌っているのは松崎自身、ショーケンはハーモニカを吹いている。これだ、これ。ハーモニカを吹くショーケンが印象的でファンになったのだろう。

それにしても、この演奏映像、スポーツニッポン制作のTVニュースだというが、ヴォーカル松崎由治のアップがない。ロングで撮られた横一列に並んだメンバー。歌っているのは松崎由治なのだが、アップになるのはショーケンだけなのである。ひどくないか。歌番組でも同様だったのかもしれない。もうひとつ、「エメラルドの伝説」を歌う当時のVTRをYouTubeで見たことがある。最初はグループショットだが、すぐショーケンのアップになってしまう。そんなわけで、当時はショーケンしか見ていなかったことがわかる。だいたいある時期まで他のメンバーの顔と名前が一致していなかったのだから。

後年、50代になってからテンプターズのCDを購入、代表曲以外の楽曲を聴いて、本当の意味でテンプターズファンになったといえる。松崎由治のギターの独特な音色は以前からわかっていたが、高久昇のベースに耳を捉えられるようになった。ジューシィ・フルーツがカヴァーした「そんなヒロシに騙されて」のベースでは、「エメラルドの伝説」のサビと同じフレーズがあって驚いた。ほかの曲でも印象的なフレーズを弾いている。

GSブームは数年で終わった。小学校の高学年になるとグループは次々と解散していく。スパイダースとテンプターズの解散は70年、翌年にはタイガーズが解散。この3グループのメンバー（の一部）が合流してロックバンド、PYGが結成された。

このニュースはリアルタイムで知っていた。ジュリーとショーケンのツインヴォーカルが売り。ショーケンファンを自認していたのなら当然その活動を追いかけるだろう。しなかった。理由はわからない。音楽の関心が当時台頭してきたフォークソングに移っていったということはあると思う。GSの曲は女の子が喜びそうなおとぎ話みたいな世界ばかりで少々嫌気がさしていたので。

一度でもＰＹＧの演奏を目にしていたら、楽曲を耳にしていたら違っていたかもしれない。「花・太陽・雨」は、『帰ってきたウルトラマン』の第34話で流れてから（個人的に）長い間幻の名曲だったたし、「自由に歩いて愛して」はカラオケの定番となっている。しかし、当時、ＰＹＧの活動はあくまでも活字で知るのみで、ＴＶで見たことはなかった。

そうこうしているうち、ショーケンがＮＨＫの連続ドラマ『明智探偵事務所』に出演すると知って反応した。月曜の夜８時。観た。痺れた。ショーケンの演技がとても新鮮、斬新だった。

中学1年になっていた。刑事ドラマ（当時フィルム制作のドラマはテレビ映画と言われた）『太陽にほえろ！』に主演するというではないか。新人刑事役。夢中になった。完全にハマった1年間。そして殉職による降板。その死に様。衝撃だった。以降役者ショーケンが気になってしかたない。

こうして僕の、ドラマに映画にとショーケンを追いかける日々が始まったのだ――。

本書は２０００年に開設したＨＰ「夕景工房」、08年から始めたブログ「もうひとつの夕景工房」に書き綴った、ショーケンに関する文章を加筆修正してまとめたものだ。

90年代終わりから00年代初めにかけて、ちょうどショーケンの活動が停滞してると感じていた時期、それから久しぶりのライブを開催して新たな活動に希望を見出したころ。しかし恐喝事件で謹慎。そんな状況にあって、僕はといえば、過去の映画の上映があれば足を運び、ライブのＤＶＤやＣＤがリリースされれば即購入してショーケンの復活を願う毎日だった。活動を再開してからはできるだけライブに通った。喉の具合を心配しながら。

そんな日々、過去を振り返りながら、現在への想いを綴る、ある種のドキュメントになっているのではないか。本書を出版する意味はそこにある。

I

体験的ショーケンクロニクル

今だからわかる岸恵子の魅力—『約束』

『約束』は高校時代一度TVで観ている。

テンプターズ解散後、タイガース、スパイダースのメンバーとロックバンド、PYGを結成したもののブレイクせず、歌手を廃業して映画業界で働こうとしたショーケンは、最初この作品の助監督でもつとめられればという思いで斎藤耕一監督のもとを訪ねたらしい。ところが予定していた俳優が出演できなくなって、急遽ショーケンにお鉢がまわってきた、ということを以前何かで読んだことがある。本当かどうかは知らない。

ショーケンは、大女優相手に瑞々しい（ほとんど感性だけの）演技で挑み、70年代の青春の一断片を表現したこの映画で評論家の絶賛を浴び、役者としてその後NHK『明智探偵事務所』を経て『太陽にほえろ！』のマカロニ刑事役で人気が爆発したのだった。深キョン相手のシブいお父さん役もいいけど、若かりし頃のショーケン姿をスクリーンで拝みたくて上映初日シブヤ・シネマ・ソサエティに駆けつけた。

模範囚の女（岸恵子）が母親の墓参りのため特別に外出を許可され、監視員（南美江）とともに、日本海沿いを北上する列車に乗っている。途中から乗り込んできた青年（ショーケン）が偶然女の向かい合わせの席についた。青年は人なつこく女に話しかけるが、女は無視する（この時のショーケンの受けの演技が絶品で語り草になっている）。

やがて青年の人柄がわかり心開きやさしく相手する女。が、青年の彼女への思いは駅を降りてからも消えない。監視員を宿に残して一人墓参りする女に同行した青年の言葉は女囚に久しぶりに女としての感情を蘇らせていく。海岸沿いの冬ざれた公園でしばし時間を共有する二人。

女は刑務所の塀の中にもどる際、別れを惜しむ青年に伝えた。

「3年後の出所する日、あの公園でまた会いましょう」

喜び勇んで近くの洋服店に飛び込んだ青年は冬を暖かく過ごせるよう彼女への差し入れを物色する。そこに二人の刑事（三國連太郎他）がやってきて青年を強盗容疑で逮捕してしまうのだ。刑事に連行されながら惨めな抵抗をする青年の絶叫が街にこだましてストップモーション。

そして。3年後出所した女があの公園で来るはずもない相手を待ち続けるのだった。

当時斎藤耕一監督は映像派と呼ばれていて僕の好きな監督の一人だった（そんなに作品を観たことはないのだけれど）。今回のチラシには『男と女』『白い恋人たち』で名高いフランスの映画監督、クロード・ルルーシュになぞられて紹介されているが、ドキュメンタリータッチの詩情豊かな映像、印象的な音楽（宮川泰）、即興性の高い演出は確かにクロード・ルルーシュの作品を彷彿させてくれる。

ショーケンの黒いロングコートに幅広の襟、ネクタイの極太の結び目なんてまさに70年代ファッション！　まだ役者っぽくないところ（特に目元）の初々しさがたまらない。

岸恵子のエレガントな美しさは十代の頃には気づかなかった。ミニスカートから伸びた足も魅力的だ。

墓参りの翌日、ショーケンにせがまれもう一度会う約束をした岸が安宿で髪をとかすシーンがある。こんなところも若い頃は何も感じなかったのだ。男の一途な気持ちを受け入れ、女囚から女へ徐々に変身していくシーンにぞくぞくきた。役では30代半ば、実際はいくつだったのだろう。ちょっと中山美穂に似ていた。

三國連太郎はショーケンを追う刑事と内縁の夫（？）を殺した岸恵子に判決を下す裁判官役の二役を好演。

女が刑務所にもどる前に塀門前で営業するラーメンの屋台でショーケンが二人にラーメンをおごる。そのラーメンが実にうまそうだったので、映画の後、さっそくラーメン屋にかけこんだのだった。

ショーケンと岸恵子はその後『雨のアムステルダム』でふたたび共演。数年前のＴＶドラマ『外科医柊又三郎』ではショーケンの死んだ奥さん役として遺影で特別出演していた。

２００１／10／20

ラストが胸に刺さる青春映画の傑作─『股旅』

むしょうに『股旅』が観たくてたまらなかったところ、会員証更新で久しぶりに訪れたレンタル店で発見。

市川崑監督は『股旅』をATGで映画化したくて、その資金稼ぎでTV『木枯し紋次郎』の監督、監修を引き受けたという。『木枯し紋次郎』はニヒルな主人公とラストのドンデン返し、今から思うとミステリ的要素が魅力だったが、もう一つ、当時の渡世人の生活をリアルに描いていたことが特筆できる。

主人公の紋次郎は破れた三度笠をかぶり、貧しい農家出身から無宿渡世の道に入ったのだから当然剣術を習ったこともなく、その殺陣もむちゃくちゃという、これまでの時代劇でお馴染みだったいなせな渡世人のイメージを破る斬新なキャラクターであった。とはいえ、その強さといい、非情さを装いながら、事件に巻き込まれて結局は人助けする展開（おおかた悲劇で幕となるが）といい、ヒーロー以外の何者でもない。

『木枯し紋次郎』の世界をよりリアルに、主人公をアンチヒーローとして描いたのが『股旅』といえようか。

冒頭で主人公である若い3人の渡世人たち（小倉一郎、尾藤イサオ、萩原健一）の切る仁義が事細かく描写される。まるで〈HOW TO JINGI〉といった塩梅で、仁義を切る方、切られる方の文言、作法がこれほどきっちり描かれたのはこの映画が初めてなのではないか。

仁義の締めのところで一宿一飯の礼にと渡世人が懐から粗品用の手ぬぐいをだし、俠客側はそれをあたかも受け取ったかのように挨拶してまた返すという行為がいかにも日本的で笑ってしまう。

若者3人の情けなさがたまらない。紋次郎以上のボロボロの三度笠、つぎはぎだらけの合羽を身にまとった姿はほとんど乞食同然。ちんけなちんぴら風情で、口だけは達者だが、度胸の方はからきしない。だから出入りの助っ人稼業はてんで役にたたない。ただ刀を勢いよくふりまわすだけで、当たればもうけ、当たらなければ、逃げるだけのへっぴり腰。そんな彼らを受け入れる俠客もケチでくずな貧乏やくざたち。その他登場してくる者は皆貧乏を絵に描いたような人物ばかりだ。

この映画は当時の底辺に生きる人たちの生活ぶりを徹底的に描き出していて、そこが斬新かつ新鮮だった。

渡世の義理だとバカな見栄はって親を殺し、農民たちの簡易賭博場を襲っては金を盗み、人の嫁を奪って一緒に旅に出て、足手まといになれば飯盛り女を囲う宿に売り払う。惨めで無様な彼らの生き方が、逆に魅力的に思えてしまうのは製作された1973年という時代のせいだろうか。ショーケン扮する黙太郎なんて翌74年放映『傷だらけの天使』の小暮修に通じるものを感じる。

主役の3人はもちろんいいのだが、源太（小倉一郎）と再会する、かつて家族を捨てて家出した親父（大宮敏充）が出色。アル中気味の身振り手振り、口跡は江戸前の芸人の面目躍如といった体。何回観ても惚れ惚れしてしまう。今ならいかりや長介が得意とする役柄だろうか。

ほとんどオールロケーションの、雄大な山々をバックに、ぽつんと人物を配置した構図が素晴らしい。思わず「誰かが風の中で」を口ずさんでしまいそうだ。

またどしゃ降りの雨の中を歩く三度笠、合羽姿の３人（と女一人）のシルエットが詩情をそそる。

太鼓の音を基本にした素朴な音楽も印象的だ（クレジットには久里子亭とある。ということは市川監督自身のことなのだが）。

同行する女にふざけたはずみに転んで足を切り、破傷風であっけなく死んだ信太（尾藤イサオ）。些細なことで黙太郎と内輪喧嘩になって刀をふりまわしたあげく、あやまって谷底に落ちて死んでしまう源太。

ラスト、何も知らない黙太郎が源太を探して「おーい」と淋しそうに呼ぶ声。暗転してもなお呼び続ける声が胸に突き刺さる。

僕にとって日本の青春映画ベスト３に入る傑作である。

２０００／５／19

音楽とショーケンに痺れまくった―『青春の蹉跌』

個人的に日本の青春映画ベストワンと思っている『青春の蹉跌』が久しぶりにスクリーンで観られる！　早速、横浜シネマジャック＆ベティに足を運んだ。京急線の黄金町という駅に初めて降りた。駅から徒歩５分くらいに位置するこの映画館はジャックとベティという二つの小屋があって、ベティは洋画専門、ジャックが邦画専門。ここでは今、芥川賞、直木賞受賞作家の小説の映画化作品を特集して日替わりで上映している。併映は『道頓堀川』。

中に入ると圧倒的な年齢層の高さだ。おじいちゃん、おばあちゃんばっかり。客の入りは悪くない。

この映画、中学3年の時に郷里（群馬県太田市）の映画館で観ている。併映は何だったのだろう。ショーケンの映画は初めてだった（『約束』は見逃していた）。TV『太陽にほえろ！』のマカロニ刑事のかっこよさに惹かれて映画館に足を運んだような気がする。石川達三の原作はもちろん、〈蹉跌〉の意味すら知らず、映画を観てから辞書で調べたのではなかったか。ちなみに蹉跌とは〈つまずくこと、しくじり〉のこと。

冒頭、レストラン（？）のテラスでローラースケートをはいた主人公（萩原健一）が一人けだるそうにテーブルやイスをセットする姿、そのバックに流れる音楽に心とらわれた。日本映画の音楽もしゃれているじゃないか。まずそう思った。それまで洋画ばかり観ていて、（洋画の）映画音楽に夢中になっていた僕は日本映画の音楽を低くみていたところがある。『青春の蹉跌』で作曲家・井上堯之の名を覚えた。以後ショーケン主演のTV作品、映画作品では必ず音楽クレジットで名前を拝見することになる。本当に素晴らしいメロディーを書く人だ（最高傑作は『太陽を盗んだ男』だろうか）。後にすごいギタリストであることも知るのだが。

中学生の僕は山本薩夫監督『戦争と人間』三部作、熊井啓監督『朝やけの詩』、そして『青春の蹉跌』で特撮映画、アニメーション映画以外の日本映画を見直し、興味を持っていったのだ。

映画は、全編痺れまくった。ショーケンがかっこいい。今から思えば、ショーケンにエリート役というのは似合わないのだけど（『傷だらけの天使』の影響大）、当時は司法試験を狙う大学生役に何の違和感もなかった。

主人公は高校時代70年安保に挫折した江藤賢一郎（萩原健一）という法学部の学生。今はひたすら司法試験をめざし、アメリカンフットボールの練習も自粛していた。アルバイトで女子高校生（桃井かおり）の家庭教師をつとめている。女子高生は江藤に惚れていて、大学に合格したら一緒にスキーに行こうと約束する。後見人の伯父（高橋昌也）には、ひとり娘（檀ふみ）がいて気になる存在だった。

司法試験に合格、伯父の娘との縁談も決まった賢一郎にとってバラ色の人生が開けると思ったそのとき、難題がもちあがった。肉体関係にあった女子高生が妊娠したというのだ。堕胎をすすめる賢一郎だが女子高生は言うことを聞かない。悩んだ末、雪山に連れて行き殺すことを決意する……。

石川達三の原作ではあるが、脚本の長谷川和彦が大胆に脚色している。公開当時、あまりに原作とかけ離れたストーリーに対して石川達三が怒りだしたとどこかで読んだ覚えがある。学生運動だとか、アメリカンフットボールの部員だとかがオリジナルなのだろう。全体の雰囲気も例の神代節（一種独特の映像、編集で確か誰かが名称をつけたのだが、何というものだったか忘れてしまった）で、当時、ショーケンの魅力とともに僕の映画心をとらえたのだった。

主人公は徹底的な上昇志向ではなく、何をどうしたいかよくわからずどこかシラケている。後の『青春の殺人者』や『太陽を盗んだ男』の主人公に通じるものがある。場末のスナックで歌われる「プカプカ」、銀座の歩行者天国の１００円ちょうだい女（芹明香が演じていたんだ！）、70年代の香りがいたるところに漂っている。

途中に何度か挿入されるＴＶＣＦ、当時はいったい何なのかと不思議だった。コピーに意味があるのだと今ならわかる。

忘れられないシーンがある。本筋とはまったく関係ないのだが、ショーケンが鉄柵に片手をつけて触りながら通りを歩くところだ。途中で人とすれ違って、鉄柵から手を離してしまうが、相手が行ってしまうとまた手を離したところまで戻って鉄柵を触りはじめる。「あの気持ちわかる！」中学生のときそう思った。後年、大学生のサークルの先輩とこの映画を話題にして同じ意見だったので意気投合した。あるいは何気なくつぶやくように歌う「エンヤートット」。あれは『傷だらけの天使』の「たまらん節」じゃないか。

まだ人気者になる前の桃井かおりが惜しげもなく太めの裸体をさらす。台詞回しはまったく今と変わりないが身体つきは若さに満ち溢れている。小さなショーツからはみ出るお腹の肉がたまらない。ショーケンとの濡れ場が中学生には強烈だった。

今回久しぶりに観直して（ビデオでは何度か鑑賞している）女子高生を雪山に誘い出し、やがて絞め殺してしまうまでのシーンが印象に残った。ショーケンが桃井かおりをおんぶして、滑降していくシーン。神代節全開という感じだ。

思えば、神代監督は萩原健一の生理を最大限に活かし、役者としての魅力をフィルムにたたきこんだ監督だった。TV『傷だらけの天使』のほか、映画では『アフリカの光』『もどり川』があった。低迷していたショーケンの復帰を確信したのが『恋文』だった。ベストパートナーだったといえるだろう。そんな神代監督ももうこの世にいない。

2003／11／8

井上さんの訃報　～『青春の蹉跌』ありがとう！

井上堯之さんの訃報はショックだった。

実は先週3日（木）、井上さんのファーストソロ・アルバム「WATER MIND」の復刻CDを買ったばかりだった。GWは連日のブックカフェ二十世紀イベント運営で忙殺されており、CDは開封せずそのままにしていた。

一昨日朝、開店前に店で流して一人追悼した。

1曲めは「一人（I STAND ALONE）」、2曲めは「チンチン電車」、3曲めの「息子よ」の後奏に反応した。『青春の蹉跌』のテーマではないか！　涙がでてきた。

スパイダースやPYGのメンバーとして井上さんを認識していたのかどうかはっきりしない。確か当時名前が孝之だったのではないか。それが何かのときに堯之になったと記憶している。

意識したのは映画『青春の蹉跌』を観たときだ。中学時代は映画館で観るのは洋画ばかりだった。洋画は音楽が良くてサントラ（レコード）を友人と競い合って集めていた。邦画は洋画にくらべて音楽がショボい。後年、そんな考えは改めるのだが、当時は本当にそう思っていた。そんな僕が邦画で初めて音楽が素晴らしいと感じたのが『青春の蹉跌』だった。

同人誌「まぐま」に連載していた「小説と映画のあいだに」で『青春の蹉跌』を取り上げる際、そのことを真っ先に書いた。

『青春の蹉跌』以降、ショーケン主演の映画やTVドラマ（TV映画）で〈音楽・井上堯之〉はお馴染みになる。どれもみな印象的だった。

リアルタイムに鑑賞できなかった『雨のアムステルダム』はほとんど幻の映画となってしまい、ずいぶん経ってからある方の計らいによってビデオで観た。テーマ曲にハマった。

沢田研二が菅原文太と共演した『太陽を盗んだ男』は音楽抜きに映画を語れない。

「花・太陽・雨」「自由に歩いて愛して」「一人」「愚か者（愚か者よ）」等々、素晴らしい楽曲の作者でもある。なんてことがわかるのは20代、30代、あるいは40代になってのことなのだが。

近藤真彦のヒット曲「愚か者」は、その年のレコード大賞を獲った。僕自身当然と思っていたのだが、その後この受賞にまつわる事件が判明した。事故死した母親の遺骨が盗まれ、レコード大賞を辞退しろと脅迫されていたというのだ。

この事件を取材した週刊誌（だったか）の記事で、関係者の言葉に怒り狂った。レコード大賞の近藤真彦の対抗馬は某大物演歌歌手だった。この歌手の歌に比べて「愚か者」が劣っている、そんな歌がなぜレコード大賞を受賞して、というような内容だったからだ。本質がわかっていれば「愚か者」がどんなに素晴らしいかわかるにずなのに。まあ、個人的にはマッチよりショーケンの「愚か者よ」の方が断然いいのだが。

もう何年前になるのだろうか。

復活した井上堯之バンドのコンサートを知り、井上さんに「まぐま」に掲載された『青春の蹉跌』の文章を読んでもらいたいと思った。井上さんの著書『スパイダースありがとう！』（主婦と生活社）で『青春の蹉跌』が初めて手掛けた映画音楽だと知ったからだ。井上さんの音楽にしっかり反応した中学生がいたこと、そのことを知ってもらいたくて。

コンサート後、楽屋で「まぐま」を手渡すことができて喜んだ。それだけでも満足なのに、しばらくして井上さんから礼状が届いた。感激なんてものじゃなかった！

井上さんのライブにはその後2度ほど足を運んだ。そのすぐあとだったと思う。引退を発表されたのは。そのときも書いたことだが、井上さんのTV、映画の音楽を集大成したアルバムを誰か企画してくれないだろうか。お願いいたします。

ご冥福をお祈りいたします。

2018／5／10

『青春の蹉跌』 小説と映画のあいだに

昨秋、萩原健一が十三年ぶりにコンサートを行なった。久々のショーケン節、パフォーマンスに心躍った。長年のファンの渇きを癒してくれるライブだったが、本人にとっても、今後の活動に対してカツを入れる意味合いがあったのではないか。最近のショーケンにはどうにも〈らしさ〉が感じられなくてもどかしくてしかたなかった。

昨年、このコンサートに合わせた過去の傑作ライブのDVD化やベストアルバムのリリースで、まさにショーケン三昧の日々を送っていたのだが、まさかスクリーンで『青春の蹉跌』に再会できるとは思ってもいなかった。

1974年、14歳という一番多感な時期に出会った青春映画の傑作である。

確かショーケンがTV『太陽にほえろ！』の刑事役を降板した直後に公開されたと記憶している。だからこそ大いに期待して観に行ったわけだが、実のところ映画について何の予備知識もなかった。

原作が芥川賞作家の石川達三。監督は日活ロマンポルノの俊英・神代辰巳。神代監督がショーケンとはじめて組んだ作品。——なんてことは知るはずもない。

二人はその後TV『傷だらけの天使』や映画（『アフリカの光』『もどり川』『恋文』『離婚しない女』）で名コンビぶりを発揮する。脚本が長谷川和彦（『青春の殺人者』『太陽を盗んだ男』の監督）と気づくのはもっとずっと後のことだ。

『青春の蹉跌』は、何といっても音楽（井上堯之）が良かった。

当時音楽に惹かれて洋画ばかり追いかけていた僕は、タイトルバックに流れるテーマ曲を聴きながら日本映画も捨てたもんじゃないなと思った。今でもはっきり覚えている。かなりクセのある映画でもあった。手持ちカメラによる長廻し。被写体をどこまでも追いかける（撮影・姫田眞佐久）。感覚的に突然別のショットが挿入される（ゼロックスのCMには驚いた）。映像はもちろん台詞もどこか即興的。いわゆる正統派ではないのだが、妙にリアリティがあった。人間臭いタッチとでもいうのだろうか。映像や役者の演技がナチュラルで軽やか。観ていて心地良い。神代節（軟骨的文体と呼ばれた由）というものだった。

映画はまったくタイプの違う二人の女性の間を彷徨う煮え切らない男の物語といえようか。

ショーケンが演じるのは司法試験を狙う法学部の大学生（江藤賢一郎）。アメリカンフットボール部に所属するスポーツマンでもある。母子家庭で伯父の援助を受けながら大学に通っている。

勉強を教えていた女子高生の登美子（桃井かおり）と肉体関係があり、抜きさしならない状況になっているところにもってきて、ある件を境に、伯父の一人娘・康子（檀ふみ）と仲良くなっていく。司法試験に合格するや伯父に将来を約束され、やがて康子と婚約。ある日、登美子の妊娠を知る。強引に産院に連れて行った時にはもう処置できる状態ではなかった。あせった賢一郎は登美子を雪山に誘い発作的に殺してしまう……。

ショーケンにしびれた映画だった。ファッション、しぐさ、まなざし……たまらなくかっこいい。賢一郎はまさに小暮修（『傷だらけの天使』）のプロトタイプなのだ。

ローラースケート姿でテラスに折りたたみ椅子を並べるファーストシーン。桃井かおりとの濃厚なセックス。ふてくされたように歌うエンヤートット。雪山の斜面をどこまでも滑降していくクライマックス。思い出深いシーンの数々に感激を新たにした。ショーケンが鉄柵に片手を触れながら歩くお気に入りのシーンでは「待ってました！」と叫びたくなる始末。

そして衝撃的なラスト。妊娠に関する意外な事実の判明、主人公のあっけない死……と同時にクレジットがロールしテーマ曲が流れてきて――中学生の心がわしづかみにされた瞬間だ。

不可解なのは石川達三が映画に対して怒りを表明したことだった。

小説を読んでいなくても映画とずいぶん違うであろうことは推測できた。何しろ小説の主人公は「生きることは戦いだ。他人はみな敵だ。平和なんてありはしない」と「貧しさゆえに充たされぬ野望をもって社会に挑戦し挫折」する男なのだから。

映画の主人公は確かにエリートかもしれないが、野望に燃える上昇志向の強い男ではなかった。司法試験という目的があるとしても、どこかさめていて宙ぶらりんで優柔不断。そんな男が二人の女性の間を浮遊し、翻弄され、どうしようもなくなって殺人を犯し破滅していくのである。

どこか捨て鉢でやるせない主人公に共感を覚えた中学生には原作者の怒りが理解できなかった。なぜ映画に流れる新しい感覚、若者の心情がわからないのか？　なんて頭の固い老作家なんだ！

そう判断をくだし、以来四半世紀以上年石川達三を読まずにきた。これからも読むことはないと思っていたが、気が変わった。今回映画を観て、原作者の怒りがどこにあったのか、調べてみたくなった。

長谷川和彦が自身の経験をもとに脚色、〈団塊の世代〉の心情を色濃く反映させたとおぼしき映画は原作を大きく逸脱しているのか？

読み始めて驚いた。説教じみた古臭い小説というこちらの先入観を見事に裏切ってくれる。若さあふれるリズミカルな文章。軽快な語り。すらすら読める。面白い。

主人公がアメフトの選手という設定以外、展開にそれほどの違いはなかった。大きく相違するのはやはり登場人物の造形だ。賢一郎は予想通りだが、二人の女性が曲者なのである。登美子は無教養なりの計算高さを持つ、油断ならない女。薄幸な女を演じ、「一緒になれなくてもいいの」なんて言いながら、妊娠を口実に徐々に賢一郎との結婚に向けて外堀を埋めていく。康子は聡明ではあるが肩書きで男を選ぶ高慢なブランド信仰女。当初は親のすすめる結婚に反発するものの賢一郎が司法試験に合格したとたんに態度を変える。

こんな女性たちを相手にすると、賢一郎の世間に対する青臭い反逆ぶりが逆に愛しく思えてくるから不思議なものである。実際読んでいても賢一郎に対する嫌悪感はあまりなく、女性たちの言動に終始ムカついていた。

なるほど、映画はまるで原作者の意向を無視していた。ラストで主人公が死ぬことも噴飯ものだったかもしれない（この結末はアメリカンニューシネマの影響か）。

思うに、ドライサーの『アメリカの悲劇』のプロットを借用して独自に日本現代社会の歪みを照射した『青春の蹉跌』は高度成長期（小説の発表は１９６８年）だからこそ、その人物造形に意味があったのではないか。

学生運動の終焉、オイルショック等、社会状況が大きく様変わりした1974年で果たして通用するものなのか。原作に違和感を覚えた長谷川和彦は再度小説のプロットのみ取り出して、まったく別の〈青春の蹉跌〉を構築したのではないだろうか。

主人公の焦燥感、孤独感。それを覆い隠すための虚無的行動。それはまさに70年代の若者像を象徴するものだったと今さらながら痛感する。

やはり僕にとっての『青春の蹉跌』は映画なのである。

2004／8

傑作テレビ映画を読む―市川森一『傷だらけの天使』上下（新風舎文庫）

昨年、13年ぶりのコンサートや傑作ライブのDVD、ベストアルバムのリリース等、にわかに活動がにぎやかになってきた萩原健一。連動するかのように、TV映画の名作『傷だらけの天使』のシナリオ集が上梓された。

版元は自主出版募集の新聞広告でよくその名を拝見する新風舎。ここが文庫を発刊し、その目玉シリーズが向田邦子賞受賞作家シリーズと銘打った人気脚本家たちのシナリオ集だ。

著者は『淋しいのはお前だけじゃない』により向田邦子賞の栄えある第一回受賞者となった。上巻の巻頭に掲載されている〈向田賞作家シリーズに寄せて〉によると著者は毎日新聞に〈脚本ライブラリー〉構想を発表し、新風舎が賛同してこのシリーズの発刊が決まったという。

1983年に大和書房から出版された単行本は持っている。当時ビデオはないし、『傷だらけの天使』が観られるのは再放送だけだった（再放送時カセットテープに録音していた友だちがいたっけ）。そんな状況でのシナリオ集の発売は実にありがたかった。歓喜した。できればこれを契機に全話のシナリオがでればと願ったものだ。

その後、ビデオデッキを購入して深夜の再放送を録画したりしていたが、90年代になるとやっとビデオソフトになって、レンタルも可能になった。数年前ついにDVD―BOXを手に入れた。DVDプレーヤーを買ったのはその1年後だったのだけれど。

こうなるともうシナリオを読んで映像を頭に浮かべる必要もない。にもかかわらず新聞でこのシナリオ集の広告を見て胸騒ぎがした。解説が上巻下巻それぞれ加納典明と深作健太。

加納典明はおかま風の殺し屋という仰天キャラクターで第10話に登場し驚かされた。当時はカメラマンなんて知らず（『傷だらけの天使』にはスチールカメラマンとして参加の由）、一体何者か大いに疑問だった。

深作健太は深作欣二の息子さん。映画『バトルロワイアル』でマスコミに登場したのだが、僕が注目したのはその名前だった。劇中修の台詞によく出てくるのが健太という息子で、高倉健の健に菅原文太の太をもらったともっともらしく説明されている。本当に健太が存在していたことにこれまた驚いた。

二人が『傷だらけの天使』について何を書いているのか、心落ち着かず、書店にかけこんだ。

『傷だらけの天使』は『太陽にほえろ！』を卒業したショーケンのために企画されたもので、日本テレビの清水欣也プロデューサー、ショーケン、市川森一の夜な夜な繰り広げられた酒場の雑談から生まれたという。

ショーケンと市川森一は飲み友だちだった。その証拠が『帰ってきたウルトラマン』のあるエピソードに見られる。ファンの間で〈11月の傑作群〉と呼ばれる作品がある。その一つが「許されざるいのち」のサブタイトルがついた作品で、クライマックスにこの手の番組には縁遠いロックバラード風の歌が流れて非常に印象深かった。僕にとって長い間幻の名曲だったこの歌がＰＹＧの「花・太陽・雨」だったのだ。スパイダース、タイガース、テンプターズの残党が集まって結成されたロックバンド、ＰＹＧ。ジュリーとショーケンのツインヴォーカルが売りりで、ロックファンから黙殺されてあっというまに解散に追い込まれた。このバンドのシングル「花・太陽・雨」が著者の口利きで作品内に使用されたと某特撮ムックに書かれていた。

市川森一はもともと円谷プロの『快獣ブースカ』でデビューし、『ウルトラセブン』以降のシリーズにかかわり『ウルトラマンＡ』ではメインライターだった。なぜＰＹＧの歌が特撮ヒーロー番組で流れたのかこれで理解できた。

閑話休題。もし萩原健一の代表作を一つだけあげろと言われたら僕は『傷だらけの天使』と答える。70年代、ショーケン主演の作品はＴＶ、映画、傑作が目白押しなのだが、中学3年の秋から放映されたこのTV映画は何から何まで画期的だった。

ジャンル的には探偵ものに位置づけされるのだろう。しかし登場人物、世界観がこれまで見たことないようなものだった。主人公の小暮修（萩原健一）は綾部探偵事務所の調査員。といえば聞こえはいいが、要は下働き、街のチンピラなのだ。弟分の亨（水谷豊）とともに仕事があれば綾部（岸田今日子）や綾部の部下辰巳（岸田森）に呼び出される。仕事といってもかなりヤバイものばかりで、時には警察に追われ、ヤクザ相手に大立ち回りを繰り広げる。都会の底辺をさまよう二人はけっしてかっこいいものではなかった。そのかっこ悪いところがかっこよかったのだけれど。

ストーリー自体、ウダウダ、グジャグジャして一見わかりづらいところもあった。16ミリフィルムの手持ちカメラを振り回し、わざと汚さを強調するカメラワーク。そんな展開の中で事件が起こり、謎が提示され、修と亨がない頭で考え、体当たりでぶつかり解決していく。ただし、その解決も必ずしもハッピーエンドではない。どちらかというと悲劇ばかりだ（だいたい最終回では風邪をこじらせた亨が死んでしまうのだから）。哀しい結末にみせる二人の心情。どこまでもお人よしでやさしくてセンチメンタルで……。

修と亨のコンビ、そこに辰巳が加わってくりだされるアドリブだかなんだかわからない台詞に笑いころげた。会話の楽しさというのを教えてもらった。監督がすごかった。恩地日出夫、深作欣二、神代辰巳、工藤栄一……。撮影は木村大作だし。

中学3年の冬、休み時間にストーブにあたりながら『傷だらけの天使』の面白さがわからないクラスメートに、以上のようなことを得意気に語ったことを思い出す。

各話のサブタイトル「〇〇〇に×××を」も印象的だ。これに影響されて「ストローボーイに紫煙のバラを」という1時間ドラマを考えたことがある。

さて、本書。上巻、下巻、4編ずつ計8編が収録されている。

本放送時は第7話だが実際には一番最初に書かれた「自動車泥棒にラブソングを」(ゲスト・川口晶)、シリーズ中一番の劇的展開だった「殺人者に怒りの雷光を」(同・加藤嘉)、教育上よくないとの理由で夕方の時間帯では再放送されなくなった2本のうちの1本「ヌードダンサーに愛の炎を」(中山麻里)、綾部の結婚話を描く珍しいエピソードの「ピエロに結婚行進曲を」(滝田裕介)、はじめて画面に修の息子(健太)が登場する「母のない子に浜千鳥を」(桃井かおり)、修の小指が切断されてしまうショッキングな描写がある「渡辺綱に小指の思い出を」(坂口良子)、僕にとってベスト3のひとつ「街の灯に桜貝の夢を」(関根恵子)、名曲「一人」が流れる最終話「祭りのあとにさすらいの日々を」。

『傷だらけの天使』が親しみも込めて略して『傷天』と呼ばれるようになったのはいつからだろう。みんな好んで使っているが僕はどうにも我慢ならない。それほど長くもないタイトルをどうして略さなければならないのだ? 加納典明も深作健太もそれが当たり前のように『傷天』を連発していたのが気になった。これって自分だけのこだわりだろうか。

2004/1/6

柳ジョージの訃報に接し、ショーケンの音楽活動に想いをはせる

70年代にショーケンが主演したＴＶ（ドラマ、ＴＶ映画）、映画の中で、個人的に一番だと思っているのが『祭ばやしが聞こえる』だ。言葉が足りないか。ショーケンのファッションで一番気に入っているのは、ということ。

『祭ばやしが聞こえる』は、ショーケンが『前略おふくろ様』の次に取り組んだ作品で、自身が設立した会社ニーディー・グリーディーが制作したＴＶ映画だ。

ショーケンは競輪選手を演じていた。サブちゃんの短髪が伸びて、長くも短くもない、ごくごく普通のヘアスタイル。そんなヘアスタイルと、これまたどこにでもあるようなトレーナーとジーンズ（だったと思う、違うかも）姿がとても身近に感じて素敵だった。『太陽にほえろ！』のマカロニファッション、『傷だらけの天使』の修ファッション。そりゃもう、実にかっこよかった。でも、自分に照らしあわせると遠い存在だったことは確か。あくまでもＴＶの向こう側だけのものという認識だった。

真似しようにもできないのは、こちらが中学生だったこともあるが、たとえ大人だったとしても、同じような服を着ようなんて思わなかっただろう。ところが『祭ばやしが聞こえる』のファッションは、自分が着ても様になるような気がした。だから、同じようなイメージのトレーナーを買ったりしたわけだ。劇中で着ているのはブランドものなのかもし

れないが。

同時期、ショーケンは映画『八つ墓村』に主演しており、ごくごく普通の青年ぶりは、この映画でも確認することができる。

日本のＴＶ映画は16ミリカメラが当たり前なのだが、『祭ばやしが聞こえる』は劇映画と同じ35ミリカメラで撮影された。プロデューサー（クレジットはされていなかったと思うが）としてのこだわりだろう。これにより、明らかにこれまでのＴＶ映画作品と違う奥行きがあって、鮮明でしなやかな映像となった。画面に一種独特な空気感が漂っていたように思う。

大麻騒動でレギュラーの室田日出男が降板するなどして、後半のストーリー作りが大変だったが（僕自身不安だったし、心配もした）、とはいえ、毎週楽しみにしていた。

高校3年生、ちょうど受験勉強と受験の真っ只中の息抜きになっていた。

エンディングに流れる主題歌が印象的だった。これで柳ジョージ＆レイニーウッドを知った。ヴォーカルの声、バックの演奏。大人のロックという雰囲気にしびれた。

しばらくして、アルバムを手に入れる。それが、ファーストアルバム「Time in Changes」だった。『祭ばやしが聞こえる』の主題歌のほかに「一人」が収録されていて感激した。『傷だらけの天使』に流れた幻の名曲だったからだ。もちろん、カヴァーであることは承知の上。

続いてセカンドアルバム「Weeping in the Rain」。このころ僕は友だちに「柳ジョージ

&レイニーウッドがいい」とさかんに吹聴していた。アルバムタイトルにもなっている「Weeping in the Rain」の英語詞を日本語詞にして「雨に泣いている」のタイトルでヒットする前のことである。「雨に泣いている」はショーケン主演のTV映画『死人狩り』の主題歌になったのがヒットのきっかけだ。

ショーケンの主演だというのに、なぜか僕は『死人狩り』を一度も観ていない。調べてみたら放映は78年。観られないはずである。

78年4月から上京して予備校に通っていた。アパートで一人暮らし。上京時に持参していた小型TVを勉強の妨げになると郷里に送り返してしまったのである。再放送があったのかどうか。少しでも観た、という記憶がないのだ。ビデオ（DVD）にもなっていないだろう。

大学生になると生活習慣が変わって夜TVをゆっくり観られなくなった。だいたい帰宅する時間にはドラマは終わっているのである。

「雨に泣いている」はサードアルバム「Y.O.K.O.H.A.M.A.」に収録されている。セカンドアルバムでは、B面に収録された「同じ時代に」が大好きだった。この曲に対する思い入れは強く、大学時代に監督した8ミリ映画『ブラッドハウンド　ゆうずうのきかない自由に乾杯！』でエンディングに流れる主題歌にしてしまったほど。

PYG解散後、俳優業に専念していたショーケンが歌手活動を再開し、ちょうど『影武者』撮影時だったと思うが、全国ツアーを敢行した。バックが柳ジョージ&レイニーウッドだった。その模様はショーケンの「熱狂雷舞」という2枚組のライブアルバムになった。僕がショーケンのステージパフォーマンス及びバックミュージシャンの演奏テクニックに熱狂するのはもっとあとになるのだが。

「雨に泣いている」のヒットで、柳ジョージ&レイニーウッドはTVの歌番組に出演するようになったと思うが、柳ジョージの醒めた感覚でギターを弾く姿がたまらなかった。コマーシャルソング（「微笑の法則」）も手がけ、これもヒットしている。

時期はすっかり忘れてしまったが、女優の浅野真弓と結婚（確か柳ジョージは再婚）したのは、ちょっと驚いた。NHK少年ドラマシリーズ第一弾『タイム・トラベラー』で主人公の芳山和子を演じてファンになった女優さんである。後で知るのだが、『タイム・トラベラー』の前に『帰ってきたウルトラマン』第一話にも出演していた。本名、島田淳子で活躍していたが、その後浅野真弓という芸名になって、『ウルトラマン80』にレギュラー出演していた（ウルトラマン先生の同僚教師役）。

柳ジョージ&レイニーウッドを卒業したのは、バーボンレーベルからアトランティック・レーベルに移籍してリリースした2枚組アルバム「Woman and I… OLD FASHIONED LOVE SONGS」を買ったあとぐらいだろうか。

移籍が信じられなかった。本人にしてみれば世界的に由緒あるレーベルは憧れの的だったのだろうが、僕にはバーボンを裏切ったような気がしたのだ。ショーケンのライブアルバムに夢中になるのとシンクロするように聴かなくなったような。解散してそのままフェードアウト。もう追いかけなくなった。個人的には柳ジョージ&レイニーウッドのファンだったからということもあったかもしれない。柳ジョージのヴォーカル、ギターと同じく、上綱克彦のキーボード（と楽曲）、鈴木明男のサックスも大のお気に入りだったのだ。

数年前、再結成されたときは、ちょっとアンテナが動いたのだが、結局コンサートには足を運ばなかった。

今朝（もう昨日だが）、「みのもんたの朝ズバっ！」の芸能ニュースを見ながら、大声をあげていた。

「嘘、うそ！」

63歳。糖尿病を患っていたという。夫人に看取られて亡くなったというのが少しなぐさめになったか。

合掌。

２０１１／10／1

高橋伴明監督の傑作ライブ映画
「萩原健一'85 ANDREE MARLRAU LIVE」

ついにショーケンの傑作ライブがＤＶＤでリリースされた。この時を何年待っていたか。

１９８５年、ある土曜日の深夜だった。『オールナイトフジ』にショーケンがANDREE MARLRAU BANDを従えてゲスト出演していた。数曲歌ったあと司会の片岡鶴太郎を裸にするというパフォーマンスを披露して、ショーケンらしいやとTVの前でニヤニヤしていた。その後、よみうりランド・イーストでライブを行う告知がされた。

テンプターズ時代からショーケンのファンだった。解散後は役者として活動を始め、その最初の主演映画『約束』でこれまでの俳優にはない瑞々しい演技（演技らしくない演技の自然さ）が評判を呼んだ。

僕にとってはＮＨＫ『明智探偵事務所』が役者萩原健一を見た最初だった。その後『太陽にほえろ！』『傷だらけの天使』『前略おふくろ様』等々ずっと追いかけてきた。ある時期からレコードも出すには出していたがあくまでも役者が本業であり、僕自身役者・萩原健一のファンを自認していた。

大学時代、洋楽に造詣の深い友人からショーケンのライブテープを勧められた。

「ぜったいいいから聴いてみろよ」

柳ジョージ&レイニーウッドをバックバンドに起用した「熱狂雷舞」と新たに編成したDONJUAN ROCK'N ROLL BANDによる「DONJUAN LIVE」だった。

見事にハマった。朝晩聴きまくった。ショーケンの自由自在な歌唱、バックバンドの並外れたテクニックの妙。大人の男女の愛、男のロマン、孤独を歌う詞もメロディーもこちらの琴線にビンビン触れてくる。ライブの雰囲気が音だけでも十分堪能できて、いつかコンサートに足を運びたいと思っていた。

ＴＶのＭＣは「今から電話してください。予約開始しまーす」と案内している。とっさに電話に手が伸びた。しかしそこで逡巡してしまった。映画は別に一人でも鑑賞しても気にならない。コンサートの類はあまり行ったことがないので、一人ででかけることが心細かったのだ。結局申し込まなかった。

それからずいぶん経ってから、レンタルビデオ屋でその時の模様をおさめた「ANDREE MARLRAU LIVE」を見つけた。さっそく借りてきた。

地団駄踏んで悔しがった。なぜあの時行かなかったのか。こんな楽しいライブを生で観られなかった、その場に居合わせなかったくやしさで胸がいっぱいになった。知らなかったわけではないのだ。チャンスはあったのである。それが堪らなかった。

もちろんビデオはダビングした。しかしデッキの調子が悪く、画面にノイズは走るし、音はモノラルになってしまった。レーザーディスクも出ていたがプレーヤーを持っていなかった。

そんなライブビデオがやっとＤＶＤになってリリースされた。

１９８５年8月24日、よみうりランドＥＡＳＴで〈What's? Last Live〉と銘打って行われたライブである。

ANDREE MARLRAU BANDのメンバーは、左記のとおり。

guitars　井上堯之／guitars　速水清司／Keyboards　ミッキー吉野／bassguitars　渡

辺建／drums　樋口晶之／percussions　菅原裕紀／saxophones　鈴木明男／vocal

ポーラ・デスモンド

8人を従えて、というか8人の強力なサポートに安心して身をゆだねたショーケンのパフォーマンス。軽快で自由奔放、至福に満ちたステージが繰り広げられる。井上堯之や速水清司のギターのアナログな響きが耳に心地よい。鈴木明男のサックスにしびれる。

各人のセンスにまかせた勝手気ままな衣装（鈴木明男なんてそこらにいる大学生みたいなんだもの）。綿密なリハーサルに裏付けされた自由自在な演奏。

ヴォーカルのショーケンはもちろんのこと、速水清司が、井上堯之が、渡辺建が、鈴木明男が、パーカッションの菅原裕紀やキーボードのミッキー吉野までも、携帯用の楽器を手にして動く、動く、動く。

「Be My Baby」は圧巻だ。何しろショーケンの先導によってみんなが輪になってステージを駆け巡るのだ。カメラに向かって「こっち来いよ」と呼ぶショーケン。カメラも一緒についていけばよかったのに。楽しくてしようがないというメンバーの笑顔、雰囲気に心躍る。

次々に変えられる歌詞はショーケンライブの醍醐味だ。大麻事件の直後なので、自虐的に自分をからかうショーケンに会場は拍手喝采。

冒頭「シャ・ラ・ラ」の終盤に客席から投げられたマリファナ煙草（本物なのか？）2本を手に取って「誰だ、こんなもの吸うのは!?」」。もう1本投げ込まれて呆れたショーケンが一声「ムダな抵抗はやめろ！」。

「54日間、待ちぼうけ」の映像に、演出に起用された映画監督・高橋伴明の真髄を見た。ショーケンと速水清司のアップしか狙わない。こんなミュージックビデオを初めて見た。至福に包まれたショーケンの表情は何て書いていいかわからない。ラストの掛け合いも見事！

とにかく奇跡的なライブである。アーティスト・萩原健一が確かにそこにいる。『約束』『青春の蹉跌』『股旅』と並ぶ高橋監督の傑作映画だと僕は思っている。

11月の13年ぶりのコンサート「Enter the Panther」への期待に胸が高まる。


【収録曲】シャ・ラ・ラ／鈴虫（九月朝、母を想い）／Be My Baby／Someday's Night（54日間、待ちぼうけ）／ハロー・マイジェラシー／テンダー・ナイト／フラフラ（OM SHANTI OM）／さよなら

２００３／10／22

ショーケン、ショーケン、ショーケン！

２月22日、萩原健一の過去のライブを収めたＤＶＤが２枚同時にリリースされた。

「萩原健一'83　SHANTI SHANTI BUDOKAN LIVE」

「萩原健一'84　THANK YOU MY DEAR FRIENDS LIVE」

２００３年の「「萩原健一'85　ANDREE MARLRAU LIVE」に続くＤＶＤ。例の事件以降新たな活動を見られないファンにとって、いや他のファンの心情なんてわかるはずもないか。僕にとってはまさに感涙もの。なぜならDONJUAN ROCK'N ROLL BAND時代のショーケンを、そのライブを生で観たことがなかったからだ。

ニュースを聞いてすぐに予約して、発売日に買い求めた。

ＰＹＧ解散後、役者稼業を邁進していたショーケンは70年代後半コンサートツアーを敢行した。柳ジョージ&レイニーウッドをバックバンドに従えての全国縦断。その模様を収めたのが2枚組のライブアルバム「熱狂雷舞」だった。

歌手に目覚めたショーケンは自身のバンドを結成する。その名もDONJUAN ROCK'N ROLL BAND。普通なら〈ドンファン〉と発音するのだろうが、英語式（?）に〈ドンジュアン〉。ドンジュアン・ロックンロール・バンド。

このメンバーによる初ライブアルバムが「DONJUAN　LIVE」なのだが、これがまたすごい演奏テクニックを聴かせてくれたのだ。ギターにしびれた。ギタリストの一人が速水清司だと知るのはもっと後のこと。石間秀樹についてはまったく意識していなかった。すごいギタリストだと気づくのはずっとずっと後のことで。

結成当時のメンバーは、ギター・速水清司、石間秀樹／キーボード・篠原信彦／ドラムス・大口広司、原田裕臣／ベース・林雅勝……だったか？

「SHANTI SHANTI BUDOKAN LIVE」はかつてビデオになっていたのかどうか知らない。ただし、「THANK YOU MY DEAR FRIENDS LIVE」はレンタルビデオで借りたことがある。借りていながら観ることがなく（いやちょっと観た）、以来幻のビデオとなってしまった。

１９８０年代半ば、結婚しようと心に決めた意中の女性と共同生活を始めたのはいいけれど、あっけなく心変わりされて二週間で夢破れた。

彼女への想い絶ちがたく、傷心の僕はその後立ち直れないまま時をすごした。超低空飛行の３ヶ月。仕事への意欲なんてあったものじゃない。

当時毎週のように通っていたサウナで久しぶりにマッサージをしてもらっていると、マッサージのおばちゃんに10円大のハゲを指摘された。円形脱毛症の治療で半年。彼女を忘れ、仕事に希望を見出そう。自分を奮い立たせるために、念願のミニコンポを購入した。真っ先に手に入れたのが先の「DONJUAN　LIVE」だった。毎晩聴いた。レコードをかけっぱなしで寝てしまうこととなんてたびたびで。

こうして春になり、すっかり元気になった僕は、元気になりすぎて躁病を発症した。会社で奇行を繰り返し、ある日突然、東京の伯父夫婦が会社にやってきて伯父宅へ連れて行かれた。その晩遅く父親が迎えにきて、郷里へ強制送還されたのだった。その間１ヶ月。直前に借りたのが「THANK YOU MY DEAR FRIENDS LIVE」のビデオなのだ。

当時、ビデオレンタルショップができてすぐのこと。その店は二泊三日で1200円だった（と思う）。少しも高いとは感じなかった。1日の延滞料金はいくらだったのだろう？　安くはなかったはずだ。それが1ヶ月、借りっ放し。いったいいくらになるのか。ビデオを返却に行く時びびりまくった。店員（たぶんオーナー）に理由を話して「おいくらですか？」と訊ねると笑顔で「じゃあ5000円ということで」。あの時は店員の顔が天使に見えた。

テンプターズ時代からショーケンのファンだったが、役者に転向してから、歌手としてはそれほど注目していなかった。時折レコードショップで目にするアルバムも眼中になかった。

ところが、大学時代に友人から借りた2本のカセットテープ「熱狂雷舞」と「DONJUAN　LIVE」でその音楽性に瞠目する。自由自在に歌い叫ぶパフォーマンスに彩られたショーケン節とバックバンドの音の良さに惚れた。

たとえば「DONJUAN　LIVE」における「大阪で生まれた女」の間奏、一つのギターがあるフレーズを奏で、もう一つが同じフレーズを追いかけ、交錯していくところ、音といいテクニックといい（音楽用語に疎く、うまく表現できないのがつらい）、これがもう全身総毛立つプレイなのだ。

しばらくしてベスト版のカセットテープを購入した。なぜカセットなのか。当時部屋にはラジカセしかなかったからです。

曲は良い。でも少々気が抜けた。いまいちの感があった。どれも普通に歌われているからだ。

スタジオ録音は普通の歌唱、コンサートではショーケン節全開。そう勝手に判断して、その後もライブ版しか聴くことはなかった。

あれからウン十年。CDの時代になって、購入したショーケンのアルバムが「THANK YOU MY DEAR FRIENDS」だった。

ビデオ「ANDREE MARLRAU LIVE」の「54日間、待ちぼうけ」にいたく感動して、スタジオ録音された普通の歌も聴いてみたくなったのだ。

事件後の再出発ということもあるのか、ショーケン自身が作詞を手がけていることもあってどの楽曲もいい意味での私小説になっていて、味わい深い。それでわかったのだが、アルバムの途中からステージほどではないがちゃんとショーケン節で歌っているのだ。

9月25日吉日、友の結婚／55日目、夕方和んで／58年9月、お世話になりました／54日間、待ちぼうけ／58年5月、別荘にて／九月朝、母を想い

タイトルからその内容がわかるというもの。毎日聴きまくった。

こうなると、あの時、少し見てあまり馴染みのない曲ばかりでダビングせずに返却した

ビデオが気になってくる。

レンタル店のミュージッククリップの棚を探し、中古ビデオ店をあたったりと、できるかぎりアンテナを張ってみたものの、結局見つけだすこと、手に入れることはできなかった。

もう二度と観ることができないと諦めていたビデオがＤＶＤで蘇ったのだ。感激のあまり、ショーケンの手振り身振りで「アイムクライング！」。

何かと想い出がつまっている「THANK YOU MY DEAR FRIENDS LIVE」をＤＶＤプレーヤーにセットした。黒い画面にバンドの音合わせが流れ、タイトルが入る（Opening）。センターのマイクにスポットライトがあたり、ショーケン登場。

とある倉庫。観客は一人もいない。

ショーケンは黒のジャケット＆パンツ。ジャケットの下はこれまた黒のタートルネックセーター。これ、「THANK YOU MY DEAR FRIENDS」のアルバムジャケットと同じ衣装だろうか（アルバムではジャケットは着ていないが）。いつものライブに比べると非常に地味だが、これがまたかっこええのよ。左顎に剃り残した髭２本がセクシー。なんてね。AH! Ha!

去年の暮れ—予感（GOD BLESS YOU）

PM10時過ぎ逢いたくて…（DON'T YOU KNOW）
58年5月、別荘にて
もう一度抱いて
55日間、夕方和んで
九月朝、母を想い（SUZUMUSHI）
昔おさない夢
54日間、待ちぼうけ（SOMEDAY'S NIGHT）
セクシー・ロンリー・ナイト
9月25日吉日、友の結婚（DONJUAN TRAIN）
58年9月、お世話になりました（THANK YOU MY DEAR FRIENDS）

二十数年前は知らない曲ばかりだったが、今はどれもお気に入りのもの。

某ファンサイトのBBSに口パクじゃないかとの中傷があった。確かに曲によっては歌と口があっていない。演奏&歌唱に別のテイクをかぶせたもので、本来の口パクとは違うのだが、なぜそんなことしたのか。何か理由があるのだろうか。

曲はいくつも提供しているがバックに速水清司の姿がない。沢健一に交代している。この人のギターもたまらなくいい。一見、ちょっと太らせた吉田拓郎風。

「54日間、待ちぼうけ」を普通の歌詞で歌っている！　この姿を拝見したかったんだ。

二十数年の時を経て再会した映像に若干の違和感が生じた。あのとき観たライブとどことなくなんとなく違うのである。こんなステージ然とはしていなかったような気がする。倉庫の片隅で上の方でバンドが演奏し、離れたところでショーケンが歌う、そんなミュージッククリップっぽい作りだったような気がした。

でもまあ、二昔も前のこと、思い違いもあるだろうと特に気にもしていなかったのだが、先日ファンサイトＢＢＳにこのＬＩＶＥにはバージョン違いが存在すると書かれてあって、膝を打った。

衣装もパフォーマンスもシックなショーケンを観ながら大学時代の彼女の言葉を思い出した。

「いしだあゆみとの離婚を発表した記者会見のショーケンが一番素敵だった」

いしだあゆみとの離婚はショックだったので、その手のワイドショーは見ていない。だからその姿をほとんど憶えていないのだが、「THANK YOU MY DEAR FRIENDS LIVE」のショーケンなら、彼女、きっと気に入ってくれるのではないかな。

なんて想い出話に浸っている場合ではない。「昔はよかった」なんて感慨にふける年齢じゃないんだ。今なんだよ、今。今が大事。

ショーケンの復帰はいつになるのか。いやその前に喉は完治するのだろうか。

それにしても、映像でもライナーノーツもバックバンドメンバーの紹介がないのはどういうわけ？

２００６／３／２

キーボード、篠やん！

四谷OUTBREAKでGoddessのライブがあった昨日。暴風雨である。どうしようか悩んだ。どうしても連休明けまでにやっておかなければならない仕事があって、残業しなければならない。Goddessの出演時間に間に合うかどうかという心配もあった。しかし今回はキーボードも加わってなにやらすごい演奏が期待できそう。それにノアさんに確認したいこともある。残業は月曜日に休日出勤することにして、四谷に向かった。

今回はGoddessだけ聴ければいいやという気持ちで、午後8時半にライブハウスに入った。ちょうど前のバンドが終了するところ。インストバンドでちょっと聴いただけだがなかなか良さそうだった。

Tさんの笑顔があった。

「いやぁ、良かったですよ」

Goddessは4曲。やはりキーボードが音を厚くしている。少しだけコーラスもあって、ノアさんのヴォーカルを引き立てる。新たな魅力。

パーカッションもその繊細な音の配慮にＧＯＯＤ！　アメリカン・りへい・レディのＭ

字開脚演奏も楽しめた。ああ、また誰かさんに文句言われそう……。

1曲め「Noah's Ark」でガツンとくる。「月光（つきひかり）」は「午前0時のスケッチ」と「私は風」にインスパイアされたような曲。CD聴いていていつも思う、「Soul Mate」ってスポーツを題材にした青春映画のエンディングに流れたらぴったりはまるなぁと。ラストは「HUMAN」。熱い！

「VOODOO CARAVAN'Goddessとくると、トリのバンドがどんなものか期待できますね」

自身もバンド活動しているTさんの言葉。

大当たりだった。キーボード、ギター、ベース、ドラムス、パーカッションで始まった演奏はとにかくヘヴィだ。最初インストゥルメンタルかと思った。でも中央にマイクスタンドは立っているしと訝しがっていると、西川史子みたいな華奢な若いヴォーカルが登場。この娘がまたすごい声量なのだ。歌は英語詞なので、意味までわからない。だからまるで第6の楽器というような感じで演奏に絡んでくる。終始圧倒された。もう最初から最後まで鳥肌実。

このバンドがGHQ。プログレ（たぶん）のとんでもない実力派。

大リーグボール1号と2号と3号が一緒になったような迫力で、耳と心を捉えて放さない。

誰もがすごい腕なのだが、特にキーボードに注目した。一人でバンドの平均年齢を上げていた。演奏中紫煙をくゆらし、そのしぐさがまるで○ッパのよう。すごい余裕。テクニックにうっとり。年齢はたぶん50歳は超えているのだろう。終始大御所オーラを放っていた。

ラスト近くにヴォーカルがメンバー紹介した。

「キーボード、篠やん！」

その声がショーケンのそれとダブった。篠やん？　もしかして！

場内が明るくなってから、入場時に配付されたチラシをチェックする。しかし、GHQのメンバーのフルネームがわからない。ああ、確認したい。

楽屋からノアさんがやってきた。早速尋ねた。

「今のバンドのキーボード、何ていう人なんですか？」

「知らないの……、メンバーに聞いてみようか」

すぐさま女性ヴォーカルを連れて戻ってきた。

西川さんが歌とは全然違うかわいらしい声で答えた。

「篠原信彦さんです」

やっぱり！　あの篠原信彦さんだった。DONJUAN ROCK'N ROLL BANDのキーボード、「54日間、待ちぼうけ」の作曲者。篠原さんが目の前にいた。

「キーボード、篠原信彦！」

ショーケンがライブアルバム「DONJUAN LIVE」の中で叫ぶ。たぶんこれでキーボード奏者・篠原信彦の名がインプットされた、と思う。

ビデオ「ANDREE MARLRAU LIVE」で僕の胸を突き刺した「SOMEDAY'S NIGHT（54日間、待ちぼうけ）」。ライブでは自虐ネタで歌詞を変えていた（ライブではこれが定番）だけど、本当はどんな内容なのか。後年、購入したのが「THANK YOU MY DEAR FRIENDS」だった。初めて聴くスタジオ録音盤。

ショーケンが大麻事件後、謹慎後にリリースしたアルバムだからだろうか、まるでショーケンの私小説、事件後の心情吐露で構成されていた。ショーケン自身が書いた詞が心に響く。曲が琴線に触れた。

大麻事件そのものを扱った「54日間、待ちぼうけ」、母をうたう「九月朝、母を思い」、藤真利子が微美杏里のペンネームで作詞したラブソング「ＰＭ10時すぎ逢いたくて…」「去年の暮れ―予感」。作曲は篠原信彦。

「いい曲書くなあ」

こうして今度は作曲家・篠原信彦がインプットされたのだった。

一昨年、初めて『もどり川』を観た。音楽のクレジットに篠原信彦の名があった。感想にこう書いた。

音楽クレジットに萩原健一のほか、篠原信彦の表記があって感激しきり。この人、DONJUAN時代に数々の名曲を提供しているのだ（最近、僕のカラオケ十八番「54日間、待ちぼうけ」も作曲者である）。とすると演奏はDONJUAN ROCK'N ROLL BANDなのか。

「54日間、待ちぼうけ」がカラオケに入ったときは感激した。カラオケBOXに行くと必ずリクエストする。思い出した「Ah! Ha!」の作曲もそうだった。

そういえばLP「DONJUAN LIVE」のジャケットを開くと、見開きで黒のタキシードを着て勢揃いしたバンドメンバーが写っている。ショーケンを中心に左右に並ぶ。悲しいかな、一番左の速水さん以外、名前と顔が一致しなかった。

DVD「THANK YOU MY DEAR FRIENDS LIVE」でもキーボードの演奏は1カットのみ。それも暗くて顔まで判別できない。いったいどんな人なんだろう。ずっと思っていた。

その人が目の前にいる！

本当に足が震えた。井上（堯之）さんのときも雑誌を手渡して、思っていたことを口にしたのだが、何をどう言ったのか覚えていなかった。

でも、こんな機会はもうないかもしれない。

「まさか、こういうところで演奏が観られるとは思っていませんでした」

「やっているんです」

「感激しました、握手してください」

今から思うと聴きたいことはたくさんあったのだ。女性の方が度胸あるなあ。Sさんなんて元テンプターズでPYGに参加し、DONJUANにも在籍した大口広司を話題にいろいろ会話していた。

でも当初のDONJUAN成り立ちの裏話を聞かせてもらえた。

「DONJUANの音がたまらなくいいんですよね」

「時代だよね、だそうと思ってもでないよ、今は」

打ち上げが始まろうとする寸前。テーブルの向こう側に篠原さん、こちらに私。隣にTさん。至福のとき。しかし、もう時間がない。篠原さんが楽器の搬出で席を立った後、後ろ髪を引かれながら、外に出た。

小ぶりになった雨の中、乗用車に楽器を積み込む仲間にあれこれ指示をだしている篠原さんに挨拶をして四谷駅に歩きだした。

こんな機会を作ってくれたノアさんに感謝！

２００６／10／７

リスペクトショーケン

萩原健一主演映画、幻のサウンドトラックが初のＣＤ化!!

このニュースを目にしたのはずいぶん前だった。

紙ジャケットのＣＤが３枚、３月初旬に同時リリースされるというので喜び勇んだ。

「井上堯之 映画音楽の世界　雨のアムステルダム　青春の蹉跌・蔵王絶唱」
「アフリカの光 愛・青春・海 オリジナルサウンドトラック」（音楽：井上堯之）
「祭ばやしが聞こえるオリジナルサウンドトラック」（音楽：大野克夫）

ショーケンファンとしてはもちろんのこと、井上堯之ファンとしてもこのときをどんなに待ち望んでいたことか。すわ、予約だ、とあわててamazon.comをクリックしたが、まだ予約は開始していなかった……。

井上堯之さんには、自身で手がけた映画やTVドラマの音楽（テーマ曲）を集大成したアルバムを作ってほしかった。

青春の蹉跌／蔵王絶唱／雨のアムステルダム／アフリカの光／太陽を盗んだ男／恋文／離婚しない女／火宅の人／傷だらけの天使（映画版）／くるくるくるり／傷だらけの天使／前略おふくろ様／悪魔のようなあいつ／寺内貫太郎一家

こんな曲がリストアップできる。
新たなアレンジによる新録音。もし実現すれば、絶対欲しい1枚になるのに！

小学6年から中学2年にかけて映画、というか洋画音楽に夢中になった。友人二人と競い合ってサウンドトラックのシングルを買い集めたものだ。フランシス・レイ、ニーノ・ロータ、ヘンリー・マンシーニ等々。音楽を聴きたくて映画を観ていたところもある。ビー・ジーズの「メロディ・フェア／若葉の頃」から入って、フランシス・レイの「白い恋人たち」「男と女」に夢中になった。クロード・ルルーシュ監督とフランシス・レイのコンビだからと、先の友人2人と『恋人たちのメロディ』を観に行ったことがある。退屈な映画だった。いまだに映画は観ていないが『雨の訪問者』の音楽も好きだ。『青春の蹉跌』はまず音楽に惹きつけられた。冒頭の、ショーケンがローラースケートを履いてすべりながらテラスの椅子をセットするシーンに流れる音楽に反応したのだ。エンディングロールの音楽はより印象深かった。考えてみると、あの当時サントラのLPはレコード店で見かけているのだ。なのに購入しなかった。あとでずいぶん後悔した。『雨のアムステルダム』なんて数年前まで幻の映画で、どんな音楽なのかも知らなかった。初めて聴いたのが、井上さんのライブだった。六本木ＳＴＢ１３９のステージ。いっぺんで気に入った。

井上さんのライブで『雨のアムステルダム』テーマ曲が演奏されて、すっかり忘れかけていた映画への興味に火がついた。

ところが僕が利用しているレンタル店にはない。大阪の熱狂的ショーケンファン、Ｓさんに借りることになった。Sさんは「青春の蹉跌　小説と映画のあいだに」目当てにサブカルポップマガジン『まぐま』を購入された方。発行人から知らされて、あわててお礼メールをしたことがある。ずいぶん後になってmixiをやっていることを知り、マイミクになった。

僕はmixiにはまっていたとき、文中に「マイミクの○○さん」と書くことに抵抗があった。プリクラが大ブーム時の、ノートに貼ったプリクラの枚数を競い合った女子高生のようで、マイミク（の数）を自慢しているような感じがしてどうにも馴染めなかったのだ。だったら普通にSさんと書けばいいかというと、それもためらわれた。実際にSさんも読むわけだからSさんにも楽しんでもらいたい。

2年前mixiにこんな感想を綴った。

＊

役者に転向したショーケンの型破りな演技を世間に印象づけたのは『太陽にほえろ！』だった。番組を降板してからも『傷だらけの天使』をはじめとするTVシリーズに立て続けに主演し人気を不動のものにしていく。

そんな1970年代前半、映画界の名匠たちもショーケンの特異なキャラクターを使って、斬新な作品を撮っているのである。

というか、ショーケンの瑞々しい演技を最初に印象づけたのは『約束』という映画だった。歌手を廃業し、映画業界で働こうと『約束』のスタッフ（助監督）になったが、ヒロイン岸恵子の相手役の俳優が降板したことにより、その代役に抜擢されたと伝えられている。しかし、この話、本当なのかどうか。どうも信じられない。

それはともかく、テンプターズ時代からショーケンにしびれていた少年が中学1年から高校1年になる間に公開された作品は次のとおり。

『約束』（斎藤耕一監督　1972年）
『股旅』（市川崑監督　1973年）
『化石の森』（篠田正浩監督　1973年）
『青春の蹉跌』（神代辰巳監督　1974年）
『雨のアムステルダム』（蔵原惟繕監督　1975年）
『アフリカの光』（神代辰巳監督　1975年）

この中で、リアルタイム（中学3年）に観たのは『青春の蹉跌』だけである。『約束』と『股旅』と出会うのは高校生になってから。どちらもTV放映で感銘を受けた。神代×ショーケンの映画第二弾『アフリカの光』は見逃した。というか、地元の映画館に来たのだろうか？　大学時代に一度TVで観たような気もするが、はっきり覚えていない。『雨のアムステルダム』も高校1年のときだから、上映されれば駆けつけているはずなのに。

長い間幻のショーケン映画だった『化石の森』『アフリカの光』『雨のアムステルダム』の3本のうち、『化石の森』は10年ほど前にビデオで観ることができた。石原慎太郎原作のこの映画でショーケンは医師の卵に扮しているのだが、とんでもなく暗く重い内容だった。

『アフリカの光』をきちんと鑑賞できたのは昨年のシネマアートン下北沢だった。神代辰巳特集の1プログラムとして上映されたのである。HP「夕景工房」にきちんと感想を書こうとして、結局一行も書けなくて1年が過ぎてしまった。ショーケンのかっこ悪さのかっこ良さが一番発揮された映画かもしれない。

残るは『雨のアムステルダム』だけ。しかしレンタルビデオ店では見かけないし、DVDにもならない。ほとんどあきらめていたのだが、ある秘密ルートを使ってビデオを借りることができた。

大阪にファンの間でなかば伝説になっているショーケンコネクションがある。コードネーム〈S thank you〉と呼ばれるその秘密機関と接触することができたのだ。今年のGW4月29日のこと。観たい作品と待ち合わせ時間、場所をメールで知らせると、運がよければ届けてくれると聞いて、ダメもとでやってみることにした。

場所は北新地、某ビル前。別の場所で待機していると、携帯に電話が入った。あわててビル前に駆けて行く。いた。妙齢の女性が3人。小脇に黒い袋を抱えた女性が名前を確認してきた。「そうだ」と言うと、ほかの二人を見てうなずいた。「ちょっとしたテストよ」

少し身構えた。

「カレが島田陽子と共演したTVドラマは？」

「……『くるくるくるり』」すぐに答えた。「伴淳三郎が義父役だったね」

「カレが渡辺プロから独立して設立したプロダクションは？」

「ニーディーグリーディー。35ミリフィルムで『祭ばやしが聞こえる』を撮って、大赤字ですぐにつぶれたんじゃないかな」

「じゃあ、カレが『明智探偵事務所』で演じた青年の名は？」

「……」

女性が初めて笑った。「まあ、いいでしょう。合格よ」

差し出された黒い袋を受け取る。中を見た。『雨のアムステルダム』のビデオだった。もう1本入っている。

「『鷗よ、きらめく海を見たか　めぐり逢い』よ、観たかったんでしょ？」

どこでリサーチしたのか？　尋ねる間もなく、3人は雑踏の中に消えていった。

睡眠不足で大阪に行ったので、少々妄想が入ってしまったかもしれない。

こうして手に入れた『雨のアムステルダム』。

小暮修が商社マンとなってアムステルダムに駐在していた。ごく普通に英語までしゃべっている。謎の女岸恵子と恋仲になって、三國連太郎をボスとする組織の陰謀に巻き込まれて、と話自体は（今となっては）古臭いが、ま、そんなことはどうでもいい。いたるところでやんちゃなショーケンが見られるのだから。

アムステルダムの街に岸恵子とショーケンはよく似合う。音楽も舞台にぴったりだ。ライブの感動を思い出す。

くだものの入った紙袋を抱えながらじゃれあう二人のシーンと、銃弾に倒れたショーケンが凍った池を滑っていくラストショットが印象的。

＊

『雨のアムステルダム』のビデオは、テーマ曲を聴きたくて巻頭のタイトルバックを何度も繰り返し観た。こんなことは『機動警察パトレイバー2 THE MOVIE』以来のことだ。『パトレイバー2』はエンディングロールを繰り返した。川井憲次の音楽に惚れ込んで、結局サウンドトラックCD購入したほど。

関係ないけど、何週間か前のTV『相棒』。岸恵子がゲスト出演だったけど、彼女が裏切られたと勘違いして殺してしまう恋人はやはりショーケンがお似合いだよね。

6日にamazonからダンボールが届いた。ドキドキしながら開梱して、中から3枚を取り出ししばし眺める。まず「井上堯之　映画音楽の世界　雨のアムステルダム―青春の蹉跌・蔵王絶唱―」を聴くことに。

教会の鐘が鳴ってメインテーマが流れてきた。これだよ、これ！　ビデオを何度も繰り返し巻き戻して聴いたタイトルバックの音楽は。ペダルスチールギター（井上さんのライブで聴いたときはこの楽器だった。チェンバロみたいな金属的な音がする）が奏でるメロディにうっとり。初めてフランシス・レイの「雨の訪問者」を聴いたときの感動が蘇ってくる。リアルタイムでこの映画観ていたら、完全に音楽にはまってＬＰを購入していたに違いない。

この曲の中で、一箇所スチールギター（なのか、ほんとに）の音が滞るところがある。ミスタッチまでいかないのだけど。なぜリテイクにならなかったのだろう？　まあご愛嬌ということで。

メインテーマがフランシス・レイだとすれば、明のテーマなんてバカラックだろう。「雨にぬれても」的明朗、軽快さ。

ショーケンや岸恵子の芝居（声）が入っているのもいい。特にショーケンに抱かれた岸恵子の悶え。ほんの一瞬だからよけいゾクゾクくる。射殺され倒れたショーケンが氷の池（？）を滑っていくラストシーンも収録されている。『雨のアムステルダム』は、音楽とラストシーンで語られる映画だと思う。

『青春の蹉跌』のローラースケートのシーンに流れる音楽は、「はじめ人間ギャートルズ」の「なんにもない」の歌に通じるものがある。スキャットは「水もれ甲介」の主題歌を彷彿とさせる。

アルバムのラストを締めくくる『青春の蹉跌』のテーマ。ショーケンの死を暗示させるアップのストップモーション、クレジットタイトルがロールして、流れてきた甘く切ないあの音楽。35年前、郷里の映画館でスクリーンを見つめていた、あのときに胸に込み上げてきた感情、03年、黄金町の劇場で再見したときの懐かしさと新たな感銘を思い出す。今度は初恋の女性に再会したような胸キュン感覚だろうか。

井上さんの映画音楽に乾杯!

当分、就寝の友になる。

1. 雨のアムステルダムのテーマ-1
2. 雨のサスペンス
3. 明(めい)のテーマ
4. 雨のアムステルダムのテーマ-2
5. 愛のテーマ1
6. 市場の朝
7. 愛のテーマ2
8. 雨のアムステルダムのテーマ-3
9. 『青春の蹉跌』よりローラースケート
10. 蔵王絶唱のテーマ
11. 明(めい)のテーマ-3
12. 悪友

13. ジューク・ボックス
14. 青春の蹉跌のテーマ

2009／3／10

封印していた映画を初めてDVDで観る—『影武者』

黒澤明監督が久しぶりに時代劇『乱』を撮るというニュースを聞いたのはいつだったのだろう。予備校時代だったか、それとも大学に入ってからか。このニュースにとても興奮したことを憶えている。

『リア王』の物語を日本の戦国時代に移し変えた『乱』は製作費の問題で棚上げとなった。その代わりというか、前哨戦として、勝新太郎主演で『影武者』を撮ることが正式発表された。武田信玄とその影武者に扮する男の二役が勝新太郎。黒澤監督と勝新太郎という意外な組み合わせにこれまた興奮した。１９７９年のことだ。

『影武者』は勝新太郎以外のキャストを一般公募するという大胆な試みがなされた。それもプロアマ問わず。同時に一部スタッフも公募したように思う。朝日新聞にでかでかと公募の広告が掲載されたのをこの目で見ている。

スタッフ公募にちょっと心を動かされた。いや、スタッフでなくてもキャストに応募して運よく何かの端役につけたら、黒澤組の撮影現場に参加できる。もうそれだけでも感激だ。なんて思ったものの、応募する勇気なんてこれっぽっちもなかった。だいたい、大学では8ミリ映画のサークルに入部、その活動に熱中していたのだから。

オーディションの結果、ショーケンが準主役で出演することを知って期待は倍増した。何しろ、ショーケンは昔から黒澤監督を崇拝していたから、その入れ込み様は半端ではなかった。ほかにも山崎努、室田日出男といった『祭ばやしが聞こえる』の出演者が揃っていて完成を心待ちにしていた。

ショッキングなニュースは撮影開始後すぐに流れた。勝新太郎が降板したというのだ。勝新が自分の演技チェックのために撮影時にビデオカメラをまわしたいと言い出し、黒澤監督に却下されたことが発端らしい。

『影武者』の製作が決定してから、黒澤監督は絵コンテを盛んに描いていた。その一部がメディアで紹介されたりしていたが、勝新をイメージした武田信玄と影武者の男がたくさん描かれていた。つまり〈勝新ありき〉で企画された映画から、つまらないことであっけなく肝腎の主役がいなくなってしまったのだ。代役は往年の黒澤組の役者、仲代達矢になったが、あまりにイメージが違いすぎる。期待は半減した。

翌80年、映画は完成し、海外のメディアも多数招待したプレミアロードショーが開催された。このとき映画を観た小林信彦がキネマ旬報でショーケンを酷評した。曰く何を言っているのか台詞がよく聞こえないので英語字幕で確認する始末、とか何とか。

これで観る気が失せた。カンヌ映画祭でグランプリを受賞しようが関係ない。実際、国内の批評はあまり芳しいものではなかった。以後、28年間、まったく無視してきた。

『乱』以降は最終作の『まあだだよ』以外、すべて劇場で観ているというのに。

しかし、黒澤監督と勝新の衝突は、たとえビデオカメラ云々がなくても、避けられなかったものだったのだ。『ショーケン』（萩原健一／講談社）や『天気待ち』（野上照代／文春文庫）を読むとよくわかる。最初に黒澤監督が勝新主演で企画したところに間違いがあったのだと。

そもそも、この映画は若山富三郎と勝新太郎がよく似ているというところから発想されたものらしい。黒澤監督には若山に武田信玄、勝新に影武者を演じさせる案があって、野上照代は直にそのアイディアを聞いている。若山富三郎が体調不良を理由に断ってきたので、勝新の二役でいくことになったのだとか。体調不良というが、弟の性格をよく知っている若山富三郎が、後に起こるであろう騒動を予想してオファーを蹴ったというのが本当のところなのではないか。問題が起これば解決に奔走しなければならないのは自分なのだから。

と、納得しつつ、それでもやはりこの映画の主役、影武者役は勝新太郎だと思う。そうとしか思えない台詞、しぐさなのだ。

『影武者』は、佐藤勝も降板している。早坂文雄亡き後、『どん底』から『赤ひげ』までの黒澤映画黄金時代の音楽を担当した作曲家だ。

個人的には昭和ゴジラシリーズ後期の音楽で名前を覚えた。『ゴジラ・エビラ・モスラ南海の大決闘』『怪獣島の決戦　ゴジラの息子』『ゴジラ対メカゴジラ』。当時は怪獣映画＝伊福部昭主義だったので、あまりいい印象を持っていなかった。今となっては恥ずかしい限り。

『天気待ち』を読むと、佐藤勝の降板は苦渋の決断だったことがわかる。自らの意思で降板したとはいえ、以来ずっと「黒澤学校の中途退学」と忸怩たる気持ちがあったと。黒澤組のスタッフが集結した『雨あがる』の音楽をオファーされたときはことのほか喜んだそうだ。『影武者』降板から18年。「これで黒澤学校に復学できた」と知人への手紙に綴っていたとある。

佐藤勝の降板を知った黒澤監督は後任に武満徹をあたったが、スケジュールの問題か、本人の推薦によって、池辺晋一郎が担当することになる。武満徹は『乱』に起用されるのだが（当初からの予定だったのかもしれない）、やはり降板騒動が起きている。

なぜ黒澤監督と作曲家の間で軋轢が生じるのか。

黒澤監督が映画に使用する音楽について完璧なイメージを持っていることが要因だ。監督として当然のことなのだが、黒澤監督の場合は、度がすぎて、時によって音楽家のプライドなんて顧みなくなってしまうからだ。

常日頃、クラシックを聴いている黒澤監督は、映画に最適な音楽を選び出し、ラッシュで流して打ち合わせする。言葉で伝えるよりこの方がイメージが伝わることは確か。磁気テープが開発されてからは、音楽に合わせてラッシュを編集するようになり、音楽入りの試写になったというほどだ。

『赤ひげ』のときに、あるシーンに流れる曲として、佐藤勝にハイドン（「驚愕」第二楽章）を聞かせた。

「いいだろ、ドンピシャだろ。佐藤もこれくらいの、書いてよ」

「だったら、このままハイドンをお使いになったらいかがですか」

このとき、佐藤勝の笑顔はこわばっていたと『天気待ち』に書かれている。無論、黒澤監督に邪気はない。

「でもさあ、お客はこのハイドンに、それぞれ違ったイメージを持ってるだろう。それは邪魔するよね。だからさ、ハイドンよりいいのを書いてよ」

こうして、佐藤勝はオリジナルを作曲するのだが、出来上がった曲を聴いた黒澤監督の感想は「なんだ、ハイドンとそっくりじゃねえか」。

『影武者』では、最初の音楽付きラッシュ試写でぶつかった。今回は考えにギャップがありすぎた。「降りる」という佐藤勝を説得するために会いに行った野上照代は逆に説得されてしまう。

「（中略）あまりに有名な、いわゆる名曲に似ていて、しかもそれよりも優れたものを、なんて考えられますか」

そりゃそうだろう。

『乱』のダビング時にも、重低音を効かせるため、勝手にテープのスピードを落とし、武満徹が怒って帰ってしまう事態が起きた。

勝新太郎が自分の演技チェックのためビデオ収録することを黒澤監督は許さなかった。監督である俺を信用しろということだと思うが、ではなぜ、音楽について専門の武満徹を信用しないのか。

黒澤監督が同じ仕打ちを最高責任者であるプロデューサーにされたらどんな反応を示すだろうか。

シナリオはもちろんのこと、詳細な撮影プラン、絵コンテもすべて出来上がっている。おまけに参考資料で映画史上の傑作を試写室で見せられて、こう言われるのだ。

「こういう映画を撮ってくれ。イメージはこのまま。しかし、この映画より素晴らしいものを」


何かと負のイメージがついていた『影武者』初のDVD鑑賞だが、これがなかなか面白かった。一週間のレンタルだから毎日のように観ていて、観るたびに面白くなっていく。同時に影武者を勝新太郎が演じていればという思いも強くなっていくのだが。

ストーリーの核は、武田家、武田家臣内の『隠し砦の三悪人』ではないか。つまり、影武者の正体が見破られそうになる危機また危機を、いかに乗り越えるかというところが見ものなのだ。

遺言によって信玄の死は3年間伏せておかなければならない。重臣たちは、信玄そっくりの男（処刑寸前だった盗人）を信玄に仕立てるのだが、この事実を知っているのは一部の関係者のみ。よって、屋敷内部で偽者であることが露呈しそうになるのだが、男の機知（アドリブ）と偶然で切り抜けるのだ。それぞれのエピソードがユーモアたっぷりに描かれ、愉快であり爽快でもある。

側室二人にバレそうになったときの、男と信廉（山崎努）のやりとりなんて声をだして笑った。孫の竹丸との交流模様が微笑ましい（竹丸がかわいい！）。

竹丸に「なぜおじじはお山と呼ばれるのか」と訊かれ、そばにいた近習（根津甚八）に「風林火山」の説明を受けるくだりも、孫よりも熱心に耳を傾け、「うん、なるほど。そういうことじゃ、わかったか竹丸」。もうにやけてしまう。

これがヒントになって、その後の評定（家臣の会議）の席上、本来なら最後に「一同大儀であった」というだけでよかったのに、勝頼（萩原健一）から発せられた、想定外の申し立て〈戦を仕掛けるべきか否か、御屋形さまの指図を仰ぎたい〉に対して「動くな。山は動かぬぞ」と回答する展開につながる。信廉に言わせれば「影武者の分際で抜けぬけと裁きおった」。もちろん咄嗟の判断を肯定しつつ、その苦しい心境を理解する。「また磔にかけられた気持ちだろう」

ただし、こうしたシーンのほか、前半のお宝が入っていると思って大壺をこじあけると中から信玄の遺体がでてきて驚愕するシーン、湖畔で重臣たちに「影武者で働きたい」と懇願するシーン等々、仲代達矢がどんなに人間臭く豪放磊落に演じても、生真面目さが根っこにあって、勝新の演技を模倣している印象を受けてしまう。

衣装の着こなしを含めた立ち振る舞いは勝新用に考えられたものだ。代役を立てて時間がないから勝新プランのまま押し切ったのだろう。勝新が演じていればという思いはこれだ。その思いは黒澤監督自身一番強かったのではないか。絶対口にしなかっただろうが。

ストーリーのもう一つの核は、重臣たちの、信玄派ｖｓ勝頼派の対立構図だ。亡き信玄の教えを頑なに守ろうとする信廉、山縣昌景（大滝秀治）、馬場信春（室田日出男）等。しかし、勝頼には面白くない。複雑な出自ゆえ、父の世継ぎは自分の息子になる。それでも後見人として、父亡き後は御屋形様として君臨できるのに、3年間はどこの馬の骨かわからない男を父として敬い仕えなければならないのだ。そんなやり場のない怒りを傅役の跡部大炊助（清水紘治）にぶつける。

影武者が有効に機能していたときは信玄派の力は大きいが、信玄の死が公になったとたん立場は逆転する。が、晴れて軍の指揮を執ることになった勝頼の、功を焦った稚拙な戦法のため、長篠の戦いの大敗という悲劇に突入していく皮肉な幕切れ。

当然準主役の勝頼がクローズアップされる。のだが、ああ、ショーケンに精彩がない。

ショーケンの演技については、小林信彦以外にも、多くの映画評論家から「何言っているかわからない」と指摘されていた。

ＤＶＤでは音声がクリアになったから「何言っているかわからない」なんてことはな

かったが、当時劇場で観れば、聞き取りづらかったかもしれないと思えるのは確か。だいたい発声が他の役者と違うのだ。大滝秀治、山崎努、清水紘治と比べればその差がわかる。喉だけでわめいているような気がする。腹から声を出していないというか。きちんとした俳優修行をしていないのだから、当然といえば当然か。演技的に重臣の中で一人浮いている。

ただし、何度か観ているうちに、だからこそ勝頼のキャラクターをより浮き彫りにしていると思えてきた。

勝頼は信玄の実子だ。いくつかの合戦で功績をあげている。にもかかわらず、老臣たちからひよっこ扱いされ、相手にされていない。なんとか一泡吹かせたい。現状への不満と焦燥を抱えている悩める青年なのだ。

ショーケンは、若いときに、それまでにない斬新な瑞々しい演技で人気絶頂となった。ある種の自信とプライドを持って、憧れの黒澤作品に臨んだことだろう。ところがこれまでの現場と勝手が違う。だから余計いきり立って演技が空回りする……。勝頼とショーケンの焦燥が重なって見える。というと贔屓の引き倒しにとられてしまうだろうか。

役者では、大滝秀治と山崎努が出色である。大滝秀治の声と山崎努の目。特に山崎努だ。目で、影武者に対して徐々に変化していく心情を代弁していた。『影武者』の低音部に流れるテーマは、この信廉の心情だろう。

キャスティングの妙もいたるところで感じる。信長（隆大介）、家康（油井昌由樹）。間者役の3人。隆大介の信長なんてベストではないか。そういえば、「さすがは信玄、死してなお、3年の間、よくぞこの信長を謀った!」のショットがTVスポットで流れ、サークル内でよく真似したものだ。春の合宿を思い出す。蘭丸の、信長を見る目も気になって仕方ない。

竹丸役の子役は油井昌由樹の息子くん。親子揃ってズブの素人にもかかわらずいい味をだしている。

根津甚八は最初の登場シーンでは本人だとは気づかなかった。まるで少年のような初々しさ。雨の中の影武者との別れが印象的だ。

藤原釜足や志村喬の姿にはちょっとした感慨が。

信玄を狙撃した兵に、家康自ら実地検証するシーンで、黒澤監督の真骨頂を見せられた気がする。戦国時代の鉄砲の使い方を具体的に兵に説明させる。どのように弾をつめ、狙いを定めて撃つのか。その一部始終が描かれていてゾクゾクした。多くの人は長すぎると切って捨てるだろうが。

個のディティール描写を群にしたのが高天神城の戦いにおける風・林・火各騎馬隊の動きである。独断で高天神城を攻めた勝頼を、後方で信玄が見守ることで、敵に脅威を与える作戦。ここでも、敵の攻撃に対して武田軍がどう動くのか、指示系統を含めた騎馬隊や歩兵の動きを克明に描いてくれる。下手なアクションより、こういう描写の方が興奮する。個人的な資質といわれればそれまでだけど。

長篠に出兵する勝頼に反対を唱えるも、却下されて、後に従う重臣たち3人が槍をかざして「御屋形様のもとでまた会おう」と誓うショット。勝頼を少しも信用していないんだと驚くとともに、その侍魂を想うと胸にくるものがあった。

そんなわけだから、公開時にさんざん酷評されたラストの合戦はおまけでしかなかった。馬の疾走、蹄の音、砂埃、手綱さばき。風にはためく旗。黒澤映画ではお馴染みだが、やはり興奮する。〈色〉の楽しみもあった。

なぜ劇場で観なかったのか。せめて名画座あたりで押さえておくべきだった。今さら後悔しても遅すぎるけれど。

2008／5／15

自由奔放な主人公にアーティスト、ショーケンがダブる―『もどり川』

ショーケンのファンだというのにこの映画を観たことがなかった。

理由は簡単。映画公開前に大麻事件でショーケンが逮捕された。その影響で映画も公開中止か否かと騒がれ、結局、〈萩原健一〉を全面に押し出さない方策がとられた。ポスターには劇中姦通罪で逮捕された主人公の、留置場に連行される際の笠をかぶった姿が使用された。TVスポットも同じ扱いで、いったい誰の主演なのかわからない。それに反発したのだ。

映画の内容も一因だったかもしれない。大正時代の歌人を主人公に、さまざまな女性たちとの愛欲模様を描いている。それはいいのだが、ショーケンがことさら大げさにわめきのたうちまわる姿、それを神代監督特有のねちっこいカメラワークで追う……神代監督とショーケンコンビの総決算とでもいうべき映画（脚本・荒井晴彦）にもかかわらず、大正という時代のロマンチシズム、というかデカダンなムードにひきずられ、二人の悪い部分が強調されているような。そんな印象を受けてパスしてしまったというわけ。

ショーケンの映画にはこういうことがよくある。『影武者』もまだ一度も観ていない。勝新太郎の降板が大きいのだが、映画評論家たちのショーケンに対する批判が集中したことがしこりとなっている。小林信彦がコラムで「（台詞が）何を言っているのかわからない、（上映されたワールドプレミアム版の）英語字幕で内容を知った」というようなことを書いたのが決定的となった。ビデオすら手にしたことがなかった。モックンばかり話題になった『226』も同様。それはともかく。先週『離婚しない女』の前に当時の予告編が流れて、見逃したことを後悔した。

主人公の歌人苑田岳葉の、何人もの女性と恋の遍歴を重ね、投獄され、歌のために己の持てるすべてを投げ出し……その自由奔放な姿は、時代を大正から現代に、歌人をアーティストにすれば、まさしくショーケンそのままの人生ではないか。まあ、今だからこそそうわかるわけなのだが。

カンヌ映画祭に出品したことなどすっかり忘れていた。

苑田岳葉に扮するショーケンは毎日のように遊郭に通い馴染みの遊女と情交を重ねている。生活に逼迫した家庭を省みることはなく、妻の藤真利子はただただじっとたえるだけ。すべては納得のいく短歌を詠むためなのだが、その姿勢が師匠である米倉斉加年の逆鱗にふれ破門。ショーケンは反発するかのように、以前から心惹かれていた師匠の妻・樋口可南子と関係を結ぶと駆け落ちを約束する。しかし、駆け落ちは実行されなかった。しょせん師匠へのあてつけでしかなかったのだ。姦通罪に問われたショーケンは服役。樋口は離縁され行方不明に。

刑期を終えたショーケンを待っていたのは結核に侵された妻と関東大震災だった。病弱な妻とともに浅草に避難したショーケンはそこで娼婦に落ちぶれた樋口と再会することになる。激しく慟哭した後、樋口への想いが全身を貫く。樋口が働く遊郭に足しげく通い、執拗に関係を迫るのだが、頑なに拒否されるのだが。

金はない。創作もうまくいかない。樋口への想いも届かない。完全に行き詰まったショーケンは資産家の娘・蜷川有紀と心中をはかるが、失敗。その顚末を綴った歌集が評判を呼び、その名は一気に世間に知れ渡る。

ショーケンの女性遍歴は終わらない。相変わらず樋口に拒否されつづける最中、友人の妻・原田美枝子と深い関係になったショーケンはふたたび心中を計画する。不安におののき躊躇する原田に対して、ショーケンは泰然としてまるで心中を楽しみにしているかのようだ。宿泊している部屋の床の間に飾ってあった花がいつのまにか変わっていたことに気づいた原田は、ショーケンがでかけた隙に鞄の中に入っていた創作ノートを見て驚愕する。そこにはまだ行われていない心中の、それも未遂に終わった後の歌が記されていた。すべては樋口可南子の気を引く行為であり、名声を得たいがための周到に計画された賭けだったのだ。

連城三紀彦の『戻り川心中』は日本推理作家協会賞を受賞したミステリである。TVでドラマ化もされたが、映画とまるで印象が違った。映画は岳葉の破滅的な生き方に焦点を合わせ、原作のストーリーを大幅に変更していると思っていたのだが、原田美枝子と心中するあたりから、歌集のために心中未遂を起こす岳葉の計画犯罪というものがクローズアップされ俄然サスペンスタッチになる。原田に本当に薬をもられ、小舟の上でのたうちまわりやがて「死にたくない」とつぶやくショーケンには鬼気迫るものがあった。必見。

ほかにも、師匠への悪態のつき方とか裸踊りのリズムの取り方とか、DONJUAN ROCK'N ROLL BANDやANDREE MARLRAU BANDをバックに、独特なパフォーマンスを繰り出すアーティスト・萩原健一の姿が垣間見られてうれしかった。ショーケンを歌手とするのはちょっと違う気がする。ロッカーという表現もあるがどうもしっくりこない。俳優業をも含めてあくまでもアーティストだと思う。

製作資金もこれまでの神代監督作品に比べてかなり潤沢である。大正時代の東京の街並みのセットはもちろん、震災シーンはかなりの迫力だった。火災の向こうに見える仁丹塔

（？）などの合成などもある。神代作品に特撮ショットはいかがなものか。違和感ありあり。人物が地面に寝転がり、わめきちらす神代監督お得意のシーンが全編にわたって展開される。これはやり過ぎの感あり。途中で辟易してきた。

音楽クレジットに萩原健一のほか、篠原信彦の表記があって感激しきり。篠原さんはDONJUAN、時代に数々の名曲を提供しているのだ（最近、僕のカラオケ十八番「54日間、待ちぼうけ」の作曲者である）。とすると演奏はDONJUAN ROCK'N ROLL BANDなのか。

ちなみに藤真利子はこの映画の共演が縁になったのか、〈微美杏里〉のペンネームでショーケンの楽曲の作詞をしている。

70年代に今でも語り草になるＴＶや映画で活躍したことからついつい忘れがちになってしまうが、80年代もしっかりショーケンらしさを発揮していたことがわかる。映画ではこの『もどり川』を筆頭に『恋文』『離婚しない女』『瀬降り物語』、ＴＶでは『君は海を見たか』『ガラスの知恵の輪』など。特筆すべきはライブ活動だろう。何より傑作『ANDREE MARLRAU LIVE』をものにしてしまったのだ。

以前、あるＴＶ番組にゲスト出演して、石橋貴明とのトークで『太陽にほえろ！』や『傷だらけの天使』のエピソードをふれられると「その後もいろいろとやっているんだけどなあ」と冗談半分に苦りきった表情が印象的だった。

感性で勝負していた軽やかな20代から、対象への独自のアプローチ、表現力を身につけた30代へ。凄みの増した30代の活動はもっと評価されていい。

2005／1／15

フランス映画の香りに包まれてお茶目なショーケンを愉しむ—『離婚しない女』

1980年代前半、大麻事件の謹慎後、『恋文』で見事復活を果たしたショーケンが、また神代監督とコンビを組んで、倍賞姉妹と共演した映画。神代・ショーケンコンビの総決算映画であったにもかかわらず、事件のためマスコミ的に抹殺されてしまった印象のある『もどり川』、そして『恋文』に続いて原作は連城三紀彦。作者はショーケンをイメージして小説を書いたという。

北海道・根室を舞台に二人の女性の間を浮遊する男を描くドラマ。『アフリカの光』の舞台設定に『青春の蹉跌』の男女関係を組み入れたような物語である。

今となってはその理由がわからないのだが、なぜか公開当時この映画を観ていないのだ。前年に公開された『恋文』が昔ながらの瑞々しい演技でショーケンらしさを発揮して非常に喜んでいたはずなのに。二本立てのもう1本が気に入らなかったのか。ビデオになったとは思うが、レンタル店で目にした覚えがない。という意味で僕にとっては長らく幻の映画だった。

倍賞千恵子扮する土地の有力者・夏八木勲の妻は夫との仲も冷え切り、時間と金を持て余している女性。町の私設気象予報士であるショーケンは大時化を予測して漁船の遭難を救った一件以来、夏八木に気に入られている。夫婦仲を察知したショーケンはすぐに千恵子をものにしようとモーションをかける。翌日、電車の中で千恵子によく似た女性・美津子に出会う。車内に置き忘れたポスターの束を彼女がオーナーをつとめる店に届けたことから、なさぬ仲になるショーケンと美津子。美津子もまた夫（伊武雅刀）との冷めた関係に悩む女性だった。

千恵子は最初こそ拒否するものの、半ば強引に身体を重ねられた後は次第にその恍惚感に溺れていく。逆に美津子は寝ないことでショーケンへの想いを深めていく。

ある日、互いの存在を知った女二人は……。

なぜ一気象予報士でしかない男に二人の女性がそこまで固執するのか、映画の中では特に説明はない。最初にショーケンありきの企画だから仕方ないか。

ショーケンは、『祭ばやしが聞こえる』『八つ墓村』で演じた青年の流れを汲む、髪も長くもなく短くもなく見るからに普通の男であり、そこが魅力。ところどころで垣間見せるお茶目な演技がいい。

倍賞姉妹の共演が話題になった。それもいつも扮するキャラクターを逆転して演じているところが注目された。何しろ、倍賞千恵子は成金妻で毛皮のコートをまとい、貴金属ジャラジャラ。乳首まで見せて濡れ場を演じているのだ。『男はつらいよ』のさくらに慣れきっている寅さんファンにはショックだったのではないだろうか。

ショーケンがジャケット姿で美津子の店を訪ねてきて、帰ろうとすると雪が降り出している。ちょっと待ってと美津子が奥から取りだしてきたのか、黒のウールのロングコート。その姿が決まっていた。かっこいい！　オレも同じようなコートが欲しい、なんて（ここだけの話、僕が長年愛用している黒皮のハーフコートは、その昔ショーケン主演のＴＶドラマ『あいつがトラブル』で、主人公が着用していたものを真似て買い求めたのだ。ミーちゃんハーちゃんですね。あははは）。

ショーケンの部屋に無造作に置いてあるエレキギター。徳間のバーボンレコードからムーンレーベルに移籍してリリースしたアルバム「Straight Light」のジャケ写で弾くギターと同じものか？

『傷だらけの天使』のＤＶＤ－ＢＯＸを購入して、全話を見直した時に気づいたことがある。神代監督のエピソードがやけにフランス映画しているのだ。この映画でそれを再確認した。相変わらずの神代タッチで全編押し通されるのだが、そのカメラワーク、カッティング、音楽と中学時代に観たフランス映画にダブる。音楽は井上堯之。いつものとずいぶん印象が違う。それもフランス映画っぽくさせた要因か。

２００５／１／８

ショーケンが渋い、渋すぎる！――『瀬降り物語』

神保町シアターが山岳映画を特集していて、その中に『瀬降り物語』があったのであわてて観る。

映画が公開されたときは、すぐに劇場に駆けつけている。そのときは気がつかなかったが、〈萩原健一映画祭〉で上映された際、再見してまず感激したのが音楽だった。

クレジットでは、音楽コーディネーターがショーケン自身、音楽は速水清司、井上堯之となっている。ということは、演奏は当時のバンド、ANDREE MARLRAU BAND。映画の中ではインストゥルメンタルだが後に歌詞がついてショーケンが歌っているものもあり、そこに感激したのだ。サントラが欲しい！

速水清司、井上堯之の連名というと『前略おふくろ様』を思い出す。

ショーケンがとんでもなく渋い。公開時はその渋さに少々違和感があったような。台詞の発声とか。今はそんなことつゆとも思わないが。

山窩の風習、儀式をきちんと描写しているところも魅力だろう。こちらに職人フェチがあるからかもしれない。

もともとは監督の中島貞夫がデビュー当時に企画したもので、そのときは東大時代の同級生、倉本聰が脚本を書いた。倉本聰はテレビ朝日の帯ドラマ第二弾『やすらぎの刻～

道』の劇中ドラマの中に山窩を登場させている（名称はでてこないが）。感慨深い。『やすらぎの刻　～道』は今年3月で1年の放送を終えたが、すべて録画していて、放送終了してから定期的に観ていた。

2020／10／7

90年代のショーケン

1990年代のショーケンって活躍していたんだなあ、と改めて思う。『あいつがトラブル』、一般的にはあまり人気がなかったようだが、個人的には大好きだった。ショーケンの真似して黒皮のハーフコート買ったくらいだから。こんなこと生まれて初めてだった。

NHKのニューウェーブドラマ『ネコノトピアネコノマニア』&『ビデオレター』、『課長さんの厄年』、『冠婚葬祭部長』、『外科医柊又三郎』（ただし、PART2はつまらなかった）、そして『元禄繚乱』。とりあえず、いまのところ、ショーケンの活躍はこの大河ドラマをピークにして終わっている。自分の中では。

この前、TVのバラエティ『リンカーン』で『太陽にほえろ！』のパロディ（?）ドラマをやっていた。さまぁ～ずの大竹がマカロニ刑事に扮していた。けっこう似ていて笑った。まあ、このドラマのキモは松本人志の「OK」の繰り返し、なんでしょうが。『太陽にほえろ！』がむしょうに観たくなった。CSで放送されているらしい。

ショーケンのコンサートに初めて足を運んだのは1990年の9月24日（月）だった。

ちなみにこの年は、ローリングストーンズのコンサートにも足を運んでいる。

＊

待ちに待った、ホントに夢に見るまで楽しみにしていたショーケンのコンサートを渋谷シアター・コクーンで観る。

最近のショーケンの活躍は目をみはるばかりだ。

特にフジテレビ『あいつがトラブル』のコミカルタッチの演技以来、今までの演技演技して、どこか力の入ったカタイ芝居から、初期の自分の感性に合った軽いノリの芝居になって、とてもうれしい。

そして、しばらくぶりのコンサート。

A席6000円は高かったが、いつもビデオでしか観られなかったライブ（アンドレ・マルロー・バンド、今コンサートにおいて同じメンバーなのに、なぜかブラック＆マルローバンドに変わっていた）の名演奏が生で聴けるかと思うと、うれしくてうれしくて。

とにかく興奮の2時間だった。

2009／11／19

大河ドラマスケッチ　1969－2000

NHK大河ドラマを意識したのは『天と地と』が最初だった。父方の祖父母が住むアパートに遊びに行くと、ちょうど放送時間にぶつかってよく目にしたような気がする。1969年だったのか。

主人公の上杉謙信役は石坂浩二だったが、最初に話題を呼んだのは、謙信の少年時代を演じた歌舞伎役者（子役）だ。この歌舞伎役者を長い間中村勘九郎（現勘三郎）だとばかり思っていた。違った。中村光輝（現歌昇）。いやはや、記憶というものはあてにならない。

当時TVの時代劇はフィルム撮影が当たり前だった。ビデオ収録の『天と地と』にはかなり違和感があった。大河ドラマの基本はスタジオ収録である。屋内も屋外もセット。これをフィルムで撮影すると、映像に陰影ができて、簡単にいうと映像にある種の紗がかかって、セットでもそれなりに見栄えがするものになる。

ところが、ビデオだと全体的にフラットで、陰影もなにもあったものではない。セットであることがバレバレになるのだ。まるで映画のメイキング映像を観るような感覚。

また、画面に灯りが入ると全体が赤くなりおまけに数秒尾を引く。時代劇にビデオは適さない。当時なぜ大人たちが大河ドラマをありがたがるのかわからなかった。

そんな映像に関して少々マセた少年が日曜夜8時、自分の意志で大河ドラマにチャンネルを合わせるときがくる。『勝海舟』だ。『君は海を見たか』『2丁目3番地』等で注目していた倉本聰が脚本を担当したからである。ほかにも岡田以蔵役が萩原健一、坂本竜馬役が藤岡弘（現藤岡弘、）と、配役もわくわくものだった。1974年というと中学2年から3年にかけてのこと。

主役の渡哲也が病気で降板してしまうわ（後任は松方弘樹）、スタッフと衝突した倉本聰は解任されてしまうわ、何かと御難続きのドラマだったが、第1話の感動が忘れられず、1年間つきあった。ショーケンの人斬り以蔵も登場回数は少ないものの強烈なインパクトを残した。

数年後『花神』もしっかり1年間視聴した。今となっては理由がわからない。主演が中村梅之助だったからだろうか。愛川欽也が画面に登場すると、とたんに楽しくなった覚えがある。1977年だから高校2年から3年にかけて。

しばらくぶりに大河ドラマを観る気になったのが『太平記』である。新田義貞役にショーケンがキャスティングされたのだ。新田義貞といえば、鎌倉時代に郷里の太田（周辺）を治めていた人物ではないか。地元にはオープンセットが建設された。

が、病気のためショーケンはあっけなく降板。以来、観なくなった。ドラマ自体がそれほど面白くなかったこともある。

当時の日記（1991年2月3日）にこう書いている。

＊

夜、NHK「太平記」を観る。

大河ドラマを観るのはこれで3度め。『勝海舟』『花神』と続き、そして『太平記』なのだが、何も太田や足利が制作に協力しているとかが理由ではなく、ショーケンが新田義貞役で出演しているからだ。

しかし、ドラマの展開がいまいち面白くなく、ショーケンもほとんど出てこない。『勝海舟』のときは、第一回で感動して、そのまま最終回まで観続けたのに。

ドラマ作りは昔に比べてものすごく進歩している。ロケがふんだんにあり、時代をリアルに再現している。

セット々していた昔の大河ドラマがウソみたいだ。

＊

『琉球の風』（1993年）にもショーケンが出演したので毎週観ていたのだが、最後までつきあったのかどうか。ストーリーも何もかも全部忘れている。

市川崑監督『四十七人の刺客』を観てからというもの、歴史的事実としての忠臣蔵（赤穂事件）に興味を持った。さまざまな書籍をあたるようになって、江戸時代、それも元禄時代に興味を抱いた僕は『八代将軍吉宗』（1995年）に飛びついた。ジェームス三木のオリジナル脚本。

吉宗が少年から大人（西田敏行）になるときの演出が大胆だった。少年吉宗が疱瘡で顔中包帯をまいていて、ある日包帯を解くと西田敏行になるのだから。

吉宗の長男で言語障害を持つ家重が印象的だった。演じた中村梅雀は中村梅之助の息子さんだという。このドラマで注目され、今は2時間ドラマのいくつかのシリーズで主役を演じる人気俳優になっている。

江戸時代がマイブームになると、大河ドラマも江戸時代が舞台になったら観ることに決めた。

1998年から2000年にかけての『徳川慶喜』『元禄繚乱』『葵　徳川三代』。特に『元禄繚乱』にハマった。忠臣蔵ものということもあるが、徳川綱吉に扮したショーケンが出色の演技を見せてくれたのが要因だ。映画や読書の感想を毎週UPしていたHP「夕景工房」に2回レビューを書いている。

ショーケンの台詞に声の裏返りが見られたが、演技の一つという認識だった。エキセントリックな人物によく似合っているもんだと。まさか、このあと、どのドラマでも頻繁に見られるようになるなんて思ってもいなかった。

というわけで、数年間表舞台から離れていたのは、理由は別にして、よかったのではないだろうか。本人にとってもファンにとっても。

2009／11／21

『元禄繚乱　四十七士討入り』

録画しておいた『元禄繚乱　四十七士討入り』を観る。

刃傷の時と同じく演出・片岡敬司を予想していたが、別の人だった。片岡敬司は光と影を多用した、必殺シリーズを彷彿とさせる斬新な映像と演出を見せてくれるのでちょっと残念だった。大河ドラマで初めて演出家を意識させてくれた人で今後の活躍を期待したい。

1年間の連続ドラマを締めくくるクライマックスであり、忠臣蔵一番の見せ場だから当然スタッフ、キャストともに気合いの入った見ごたえある一編だった。45分間があっというまに過ぎてしまった。

技術の進歩もあるだろうが、前日に降り積もった雪が、リアルに表現されていたのがたまらない。雪の質感もいいが、赤穂浪士が雪の上を歩く際の音にも神経を配っていた。

見所は2ヶ所。

赤穂浪士が吉良家に討ち入ったことを知り、討伐に行こうとする上杉家の当主（吉良の実子）とそれを必死に止める家老・色部又四郎の押し問答。柳沢吉保の陰謀により、討伐に行けばお家断絶は間違いない。それを事前に察知していた色部の「殿が今討伐に行ったらわが藩も赤穂と同じ道をたどるのですぞ」の台詞が重くのしかかってくる。通常の忠臣蔵ものにくらべ、刃傷に至るまでの長いドラマがここでいきてくる。

無能な江戸家老のために殿の刃傷事件を阻止することができず、お家断絶の憂き目にあって、討入りをせざるをえなかった大石と、赤穂藩の二の舞だけはおこしたくないと命をかけて殿の暴挙を阻止する色部の、二人の家老の対比が胸を打つ。

浪士につかまった吉良が大石に尋ねる。「わしを本当に敵と思っているのか?」大石は答えない。しかしその眼は何かを訴えているかのようだ。吉良はわずかに微笑む。吉良は大石の本心を見抜いたのだ。大石の本当の敵は幕府だということがここではっきりした。

幕府はこの決着をどうつけるのか。『元禄繚乱』のテーマはここにある。

1999/11/30

『元禄繚乱　忠義の士』

『元禄繚乱』が終了した。

討ち入りの回の時に書いた感想どおり、脚本・中島丈博は〝幕府が討ち入りした赤穂浪士たちに対してどんなお裁きをするか〟をクライマックスに持ってきた。

大石は吉良への復讐ではなく、片落ちの裁定に対する幕府（綱吉）への異議申立て、あるいは「生類憐れみの令」等の庶民の生活を省みない政治を断行する将軍に対する批判のために討ち入りしたという解釈が、今回の忠臣蔵には取り入れられている。この解釈は井沢元彦の『元禄十五年の反逆』で知って、討ち入りの真相が理解できた思いだったが、原作の船橋聖一『新・忠臣蔵』も同様なのか、それとも中島丈博のオリジナルなのか。

大石の堂々たる将軍批判を、お忍びで面会にやってきた当の本人の前でさせるという掟破りのフィクションにはまさしく驚いたが、ショーケン演じる綱吉が怒りまくる姿を見ながら、世の忠臣蔵ファン、歴史家たちの批判を浴びるには違いないけれど、この展開は正解だと思った。こうしなければ（つまり大石の意見を直接綱吉が聞かなければ）本当の意味で大石が綱吉に一矢報いることができないからだ。

大石が将軍に対する批判を幕府の要人に口にしても決して将軍の耳には届かない。それは絶対どこかでにぎりつぶされる。自分の裁定で運命を狂わされた人たちの嘆きなどお上が知る由もない。だからこそ中島丈博としては自分への批判で地団太を踏む綱吉を描きたかったのだろう。ショーケンはそれをコミカルに演じ、大河ドラマ四度めの忠臣蔵、『元禄繚乱』の新機軸（テーマ）が鮮やかに浮かび上がった。僕はこのフィクションを断固支持する。

『元禄繚乱』は始まった当初だけでなく、最後もやはりショーケンのドラマだったと言える。製作が発表された時、数年前の12時間ドラマ『豊臣秀吉』で名演技を見せた中村勘九郎が、これまで歴代の役者たちが演じた大石内蔵助とは一味も二味も違うイメージを構築すると期待していたのだが、それほどでもなかった。打ち上げ時に中島丈博が「眼が死んでいる」と言って物議をかもしたそうだが（そこまでは言い過ぎだと思うが）、わからないでもない。

ショーケンは従来の彼独特のアドリブをきかせた演技で、エキセントリックな綱吉を好演した。ファンにとってはうれしい限りだ。彼にとっては『勝海舟』のニヒルな人斬り以蔵とともに大河ドラマの歴史に名を残すキャラクターになるだろう。

2000／12／12

Ⅱ　ショーケン帰還する

「Enter the Panther」のころ

ショーケンの13年ぶりのコンサート「Enter the Panther」は、渋谷公会堂で観た。2003年11月のこと。

バンドのメンバーがステージに揃ってからショーケンが登場すると観客は総立ちになった。

「Rコンサート」がそうだった。ショーケンの生のライブは初めてだったので面食らったものだ。ステージが見えないのだから立たざるをえない。結局最後までスタンディングでの鑑賞だった。

あのときのコンサートと違うのは、時間が経つほどに着席する観客が増えたこと。みんなそれだけ齢をとったというわけか。自分の席は1階のうしろの方。すぐに座ってもよかったのだが、最後まで立ち続けた。

コンサートが終わって複雑な気持ちで友人と渋谷の街を歩いていた。生のライブに触れられたのは何よりもうれしい。が、ショーケンの声の状態を考えると喜んでなんていられない。演奏は皆円熟味を増しているから余計にその差が目だってしまって……。

そんな僕に対して友人が「ショーケンはステージに立っているだけでいい」と励ましてくれたのだけど。

夕景工房にレビューが書けなかった。

DVDは購入した。とはいえ、二、三度観てもう再生することがない。だいたい観ると必ずそのあとに「ANDREE MARLRAU LIVE」を取り出すことになるのだ。

そこらへんの経緯を熱狂的ショーケンファンのSさんに何か別件でメールしたついでに付記したところ、ぜひレビューをと懇願された。懇願というと大げさだけど。思ったこと、感じたことを素直に綴ってほしい、と。

だったら、コンサート当日の思い出も含めて書いてみようかと、outlookのメールを使って文章を打ち始めた。

HPを開設したころ、下書きにwordを使っていたのだが、途中からメールに切り替えた。文章が完成するとコピーしてHPに掲載するというやり方。これはブログになっても変わらない。

なぜDVDのレビューを書こうと思ったのか。Sさんに背中を押されたこともあるが、ただそれだけが理由ではなかった。

新しい発見があったのだ。

85年のアンドレ・マルロー・バンドは、90年にはブラック&マルローバンドと名前を変えていた。バックコーラスがポーラ・デスモンドから日本人女性の二人組となったからだろうか。

13年ぶりのコンサートではブラック&マルローニューバーバリアンズ。バックコーラスが1名増えてトリオになった。だけでなく、パーカッションが菅原裕紀から斎藤ノブへ。

そしてそして、ギターの井上堯之がメンバーから外れたのだ。代わりに若手の女性ギタリ

スト・長井ちえが参加した。

会場での鑑賞と違い、DVDで観ると、このちえさんとショーケンの絡み、二人の表情

が何やら妖しい。チョイ不良オヤジといいたいけな女性との情事を思わせるのだ。嘘だと思

うのなら、音を消して二人のアップを注視してごらんなさい。

レビューは9割ほど書きあげた。さああともう少しというときに突然PCが故障した。

ハードディスクは無事だった。データを探したがどこにoutlookメールが保存されている

のかわからない。

書き直すことも考えたがやめた。これは「書かなくてもよい」という天からのメッセー

ジだと判断したわけだ。

今年、ショーケンが久しぶりに新曲をレコーディングした。河島英五の「時代おくれ」

をカヴァーしたのだ。『冠婚葬祭部長』の主題歌以来のことだから何年ぶりになるのだろ

うか。ドキュメンタリー『ショーケンという「孤独」』でレコーディング風景を取材して

いたが、声はかなり回復していた。

ぜひとも聴きたい！　ファンなら当然だが、この新曲、CDではリリースされないのだ

から困ってしまう。ネットで配信されるのみ。ショーケンファンなら40代以上、そんな世

代にネット配信だけで商売になるのか心配だが、制作費が安くあげられることは確か。で、iTunesとかレコチョクなんてまるで知らない僕はいまだに聴くことができないことも確かなのである。

２００９／11／23

こんな映画を観たい！

『私が殺した少女』

ミステリで初めて直木賞を受賞した『私が殺した少女』（原尞／早川書房）はツイストにつぐツイストで夢中でページを繰った思い出がある。

最初図書館から単行本を借りて読み、文庫になった際購入し再読した。

新宿に事務所を構える一匹狼の私立探偵が、依頼された些細な仕事から少女誘拐事件に巻き込まれる話。

ハードボイルドタッチの、主人公の行動や台詞にクサさが感じられなくもないが、読了したときの、充実感といったらなかった。

私立探偵の名前は沢崎。『私が殺した少女』は沢崎シリーズ長編第二弾になる。当然全部読んでいる。原尞はとても寡作な作家で、現在までに5作（『天使たちの探偵』は短編集）しか発表していない。

刊行順に記すとこうなる。

『そして夜は甦る』（1988）、『私が殺した少女』（1989）、『天使たちの探偵』（1990）、『さらば長き眠り』（1995）、『愚か者死すべし』（2004）

ずいぶん経ってから知ったことだが、タイトルがすべて7文字で構成されている。小説以外にエッセイ集『ミステリオーソ』を上梓していて、これまた7文字。もっと驚いたのはこのエッセイ集が文庫化された際、2冊になってそれぞれ『ミステリーオーソ』『ハードボイルド』。ここまで7文字に固執するとは！

さて、この沢崎シリーズ。読み進むうちに、ショーケン主演で映画化できないかと夢想するようになった。もちろん、小説の中で描写される沢崎のイメージは、藤竜也だと思っている。あくまでも個人的には、だが。

それをショーケンに演じさせるのには狙いがある。

『傷だらけの天使』の小暮修が、年齢を重ね、本当の探偵になったとしたら、どんな活躍をするのか、そんなイメージが重ねられる。ショーケンファンにとってはたまらないものがあるのではないか？

その昔、岸田森の告別式だった。TVのインタビューに対してショーケンが無念そうにつぶやいたのをはっきり覚えている。

「岸田（今日子）さんと、（水谷）豊と、また『傷だらけの天使』やろうなんて、話していたんだよね」

　この言葉で、もう二度と『傷だらけの天使』の続編は観られないと覚悟を決めたのだった。

　だからこそ、中年になったショーケンが演じる探偵ものに意味があるのだと。

　たとえば、『居酒屋ゆうれい』のショーケン演じる居酒屋店主に若かりしころのサブちゃん（『前略おふくろ様』）をダブらせなかっただろうか。板前修業を終えたサブちゃんが独立して店を持ったのだと。

　あるいは『外科医柊又三郎』。又三郎のインターン時代を『化石の森』に結びつけなかったか？　キャラクターが違いすぎるか。

　どちらかといえば頭より身体で事件にぶつかって、それこそ傷だらけになりながら解決へと導く探偵・沢崎。原作とは別個のものになるかもしれないが、それはそれで新しい探偵映画ができるのではないかと思うのである。

　原作ファンが許さないか。


『犯人に告ぐ』

　ショーケンが映画『傷だらけの天使』で復帰するという昨年のニュース。市川崑監督自身による『犬神家の一族』リメイクが発表されたときと同じ感想を持っている。

　市川森一の脚本で、恩地日出夫が監督するというのであれば別だけれど。岸田今日子、岸田森、水谷豊が共演して……。絶対に無理。

GSが再結成されて、「さよならウエスタンカーニバル」に皆出演した際、一人、自身のバンドを引き連れて昔を振り返らなかったのはショーケンではないか。

結局、『傷だらけの天使』のタイトル、ブランドだけだろう、必要なのは。本当にそれでいいのだろうか？

作品には、絶対時代がかかわってくる。『傷だらけの天使』は70年代が生んだ傑作なのだ。何も60歳をむかえようとする小暮修を描かなくてもいい。『私が殺した少女』を例にだしたのは、『傷だらけの天使』でなくても、探偵を描けるということ。ショーケンが演じれば、ファンはそこに今の小暮修を感じるはずなのだから。

なんて、言いながら『傷だらけの天使』が映画化されたら真っ先に劇場に駆けつけるだろう。だって、ファンだもの。

もうひとつ、読了したときに、これはショーケン主演で映画化を（いやTVドラマ化でもいい）と願った小説がある。

『犯人に告ぐ』（雫井脩介／双葉社）である。数年前、ミステリベストテンで第一位をとって話題を呼んだ。

劇場型犯罪ならぬ劇場型捜査で犯人を挑発する刑事役。

主人公の巻島は、かつて、児童誘拐事件で失敗し、その後のメディア対応でも失策を犯して左遷の憂き目に。ところが某キャリア捜査官のアイディアで劇場型捜査を行なうことになり、その指揮、というか広告塔的役割を負うことになる。確か、髪を長く伸ばしていて、その描写で、ああ、早見淳（マカロニ刑事）が殉職しなければ、こんな感じで今を生きているのかな、なんて思ったのだ。

警察機構も味方ではない。失脚しても、かつて左遷させられた男なのだから、上はどうでもいいのである。内にも敵がいる巻島は、ボロボロになりながら犯人を追いつめる（あくまでも僕の記憶）。

かっこ悪いところがかっこいいショーケンらしい。警察を敵にまわす男にふさわしい役柄でもある。

実は、こちらこそ実現可能な企画だと思う。

『連合赤軍』の前に長谷川和彦監督でどうですか？　団塊世代へのレクイエムとして。

2007／5／5

蘇れ！　ショーケン

虫の知らせ、は悪い意味にだけ使われるのか。

だったら、運命、だろうか？　ちょっと大仰か。

先週の土曜日（29日）。むしょうに『木枯し紋次郎』が観たくなった。DVD-BOXを取り出して、最終回（第1シーズン）の、市川崑監督作品に触れた。久しぶりのタイトルバックに興奮した。ミュージッククリップの先駆になる映像だよな、一人悦に入った。特別収録の崑監督のインタビュー。両手をこすりながらの受け答えはいつもの監督ではないか。

翌日、郷里に帰って、新聞を見たら29日、東宝スタジオで崑監督のお別れの会が開催されたことを知った。そう、僕は一人でお別れしていたんだ、崑監督に。

最近の就寝の友は紙ジャケットでリリースされた「DONJUAN LIVE」。ショーケンの雄たけび、テンダーナイト！

そんなところに、大阪のショーケンコネクションから驚きのメールが入った。

4月5日にショーケンのトークライブがあります。もし参加するなら手続きしますよ。

僕は、ショーケンを仰ぎ見る存在だと思っている。コンサートではもちろんステージの生ショーケンを拝見するけれど、そのほかでは実際に会う（それが映画の舞台挨拶でも）なんて考えもしなかった。

けれど、今回は特別。復活の後押し（かどうかしらないけど）をしたい。一度だけ身近で触れ合いたい!!

もう昨日になってしまったけど、午後2時。銀座の某所に集った。お客は約70名。

その時間、「DONJUAN LIVE」のテンダーナイトが会場に流れる！　大興奮！　登場したのは梨元勝さんだった……。

梨元さんの司会でトークライブが約1時間。

それから、ショーケン（もう会ってしまったので、萩原さんと書かなければならないのだけど、まあいいや）がそれぞれのテーブルを廻って、しばしの歓談。僕のところにも来たんだよ！　ホント、夢見心地の旅に出る、だ。

「どこから来たの？」

「あ、あの、川口です」

「川口、甥っ子が住んでんだよね」

「どこですか？」

「……のそばなんだけどね」

言おうと思ってたこと全然言えなかった……。

集合写真を撮るときに、隣を歩いていたので、聞いてみた。

「『犯人に告ぐ』っていう小説、ご存知ですか？」

「知らない」

「最近、映画になったんですけど、小説読んだとき、萩原さん主演にどうだろうと思ったんです」

「ふーん、『犯人に告ぐ』？　覚えておくよ」

歓談の間、大阪で行なわれた「ANDREE MARLRAU LIVE」が流れた。

本人秘蔵のVTR。「シャ・ラ・ラ」の黒のタンクトップの前に、ショーケンが何を着ていたか、オープニングから流れたのだから、こんなうれしいことはない。涙もんだよ、これ。

大阪のSさんありがとう！

手続きしてくれたA dogさんも！

2008／4／6

萩原健一『ショーケン』（講談社）を読む

一気に読んだ。

巷間ショーケンが女性遍歴や大麻漬けの日々を告白した暴露本的扱いされているが、きちんと読めばそうでないことがわかる。確かに女性遍歴に関しては何を今さらという気がする。それなりの配慮はされているが、名指しされた女性たちが納得するかどうか。

なぜ自叙伝を？　の答えは決まっている。金だろう、やっぱり。謹慎して何年も仕事をしていなければまとまった収入は必要だ。これまでの生活にけじめをつけ、今後の活動への布石と版元から企画を持ち込まれればよほどのことがない限り「ＮＯ」とは言わない。80年代活動を再開したときも大麻事件を振り返った『俺の人生どこかおかしい』（ワニブックス）を上梓しているではないか。

本書はショーケンが口述した内容を赤坂英一という人が再構成したものだ。らしさを醸しだすためか、文章的にはけっこういい加減なところがある。冒頭は〈である〉調なのが途中で〈です、ます〉調に変わる。人称も、ぼくになったり私になったり。同じセンテンスでぼくと私がでてくるのだから。そんなの校正時にチェックしろよと突っ込みたくなった。まあ、あくまでも口述を尊重したのかもしれない。その結果、インタビューに答えるときの、あのちょっと生真面目なショーケンの声が聞こえてくる作りになっている。活字におけるショーケン節、か。

興味深い話が時系列的に次々にでてきてぐいぐい読ませる。特に役者に転向してからの作品（ドラマや映画、ライブ）に対するアプローチの仕方を詳細に語っているのは貴重である。時代の証言でもあり、また、皮肉にもなぜ今不遇なのかという回答にもなっている。

ショーケンについて、「ANDREE MARLRAU LIVE」以降、俳優とか歌手といったカテゴリーで括れない特殊な存在なのだと思うようになった。このライブパフォーマンスでこれまでの役者、歌手の側面が集約され、さらに私生活までをさらけだして、表現することに全身全霊で挑戦している男を見たのだ。アーティストと呼ぶ所以だ。クリエーターと言い換えてもいい。

ショーケンにとって、演技することも、歌うこと（バンドの音を含めて）もすべて一つの線でつながっている。

そんなの当たり前じゃないかと言われそうだが、演技とヴォーカルではポジションが違う。ドラマや映画には脚本家や演出家がいる。役者は、ある意味キャンバスに塗られる一色の絵の具でしかないのだ。たとえ主役であったとしても。

もちろんスターと呼ばれる俳優であれば、シナリオや撮影、演出に口をだす。しかし、それは、己がどう作品の中で輝くか、魅力を発揮させられるかいう点でものいいをつけるわけだ。ショーケンは、あくまでも作品という観点でからんでくる。あるときは脚本に、あるときは演出に、共演者に……。

　そのスタンスは実質の役者デビュー作である『約束』から少しも変わっていない。『約束』はシナリオ段階からかかわっているのだ。

『太陽にほえろ！伝説　疾走15年私が愛した七曲署』（岡田晋吉／日本テレビ放送網）にはどれだけショーケンが番組のフォーマット作りに貢献したかが書かれている。

　本書でも語られている。マカロニのファッションは当然として、今では当たり前のように聞くあのテーマ曲も、プロデューサーに対して音楽に大野克夫、井上堯之の起用を口説いた結果である。殉職という形での降板。それも立ちションして殺される惨めさ、あっけなさ。最後のひとこと「かあちゃん、……あっついなあ……」。

　時代だったと思う。『太陽にほえろ！』出演時に途中退場して臨んだ『股旅』のラストに影響された結果かもしれない。とはいえ、あんな殉職を考える役者がほかにいただろうか。

『傷だらけの天使』しかり。自身のために企画された作品だから、のめり方は尋常ではなかっただろう。亭のキャスティング、スタイル、ファッション。タイトルバック。すべてショーケンの発案だ。タイトルバックで最後に牛乳をカメラにむかってぶっかける部分がカットされた真相もわかった。朝食＝セックス説は後からでてきたものだとか。

『傷だらけの天使』の第5話「殺人者に怒りの雷光を」に、辰巳がかつらをとってスキンヘッドをさらし修や亨を驚かすというくだりがある。実相寺昭雄監督の映画『あさき夢みし』に出演するため頭を剃った辰巳役の岸田森がやくざの親分に謝る際にアドリブで演じ、何も知らなかったキャストやスタッフを本当に驚かせたという話が伝わっていたが、これも違う。

岸田森のかつらはスクリプターだけ知っていた。シナリオでは辰巳がやくざの親分にどう責任をとるのかと脅され、指をつめる（！）段取りだったのが、すでに後のシーンを撮影していて指をつめては画がつながらない。スクリプターが工藤栄一監督に耳打ちし、「じゃあ、かつらをとって」と指示した。岸田森は抵抗する。かつらをはずすのは映画の宣伝で行う約束になっているからだ。ショーケンが迫る。

「おれたちと実相寺さんとどっちが大事なの」

「実相寺！」

さすが岸田さん。しかし、ショーケンにある秘密を握られていて、言うことときかなければばらすと脅されやらざるをえなくなる。

自分の会社を設立して制作した『祭ばやしが聞こえる』は、TV映画では珍しい35ミリカメラで撮影した。CMと同じレベルの映像にしたかったのがその理由だが、大幅な赤字をだして会社は解散する。

作品に対するかかわり方はその後も少しも変わらない。

だからこそ、『透光の樹』降板にまつわるゴタゴタ、恐喝未遂事件騒動の根っこの部分を考えてしまう。

若いころまわりはすべて年上だった。そんな中にあって、ショーケンの物言いは生意気ととられることはあるものの（実際に生意気だったのだろうし）、若手俳優の中ではトップの人気もあって、さほど周囲との軋轢は生じなかったと思う。

ところが年月が経ち、スタッフ、キャストが若くなれば、同じ行動をとっても、まわりの捉え方、印象が違ってくる。撮影に際しての狂気とでもいうべき様は一度聞いたことがある。『瀬降り物語』に出演した某俳優さんにインタビューしたとき、雑談の中で「そりゃ、すごかったんだから。怖かったよ」と。

すぐ下の世代にあたる俳優でもそんな印象を持つのだから、もっと下の世代、特にショーケンを知らない若いスタッフ、俳優たちはどう感じるのか。言うことをきかない、うるさい、怖い……。

僕自身、似たようなタイプの人とほんの一時だが仕事をしたことがある。某光学撮影のプロダクションでアルバイトしていたときだ。ウルトラシリーズの光学撮影で有名なその方は、普段はやさしいが、ムビオラの前でフィルムを握ると人が変わった。助手への指示の仕方が荒っぽい。怒鳴る、わめく、それでも相手もわからないと手がでそうな感じ。殺気だっていて、直接関係ない僕もそばにいるだけで震えてしまう。逃げ出したくなった。後で、長年一緒に仕事をしてきた方から「あの人はああやって自分を奮い立たせているんだ」と言われて、すこしは見方を変えたわけだが。

現場に入るときからピリピリしている。何かあると声を荒げる。共演女優といがみあうわ、監督、プロデューサーへ文句は言うわ、「何なのこの人？」てな感じ。

本人にとっては、久々の主演映画であり、自分の一番いいやりかたで現場にハッパをかけたつもりが、逆に反感を買ってしまう。場をなごまそうと冗談でソフトボールを相手にぶつけたつもりが、相手にしてみれば砲丸だった、なんていう価値観の違い。『透光の樹』は、まさにそんな状況だったのではないか。

まったくの個人的憶測だけど。

本書では、映画製作に対する基本的姿勢の違いと語っている。ホン読みやリハーサルを相手役女優が面倒臭がり、監督、スタッフが説得できなかった、と。

長年抱いていたいくつかの疑問も解消させてくれた。

『影武者』がカンヌでグランプリを獲った当時、小林信彦が「キネマ旬報」に連載していたコラムにこう書いていた（集英社『地獄の観光船』→ちくま文庫『コラムは踊る』に所収）。

リポーターなる人種は、あれは、黒澤明と勝新太郎が感情的にケンカした、といったことではない、と気がつかないのだろうか。ぼくの耳に入っているのは、まるで違う話だ。

この〈違う話〉をショーケンの立場から知ることができたのだ。勝新太郎が自分の演技をチェックするためビデオに録画して、それを黒澤監督が咎めた、といったところから発展したわけではないことだけはわかる。

『ブラック・レイン』の製作に至る過程もこれまで考えていたこととまったく違った。

もともとこの映画はマイケル・ダグラスと高倉健の主演は決まっていて、その他の日本側のキャストをオーディションで選んだと思っていた。ところが、当初高倉健の役は勝新太郎、松田優作の役はショーケンにオファーが来ていて、大阪ではなく東京で撮影する予定だったという。名だたる俳優たちがオーディションを受けた話が当時スポーツ新聞に掲載された。そこには松田優作のほか、根津甚八、小林薫、萩原健一の名があったのをはっきり覚えている。

だから、週刊文春で『ブラック・レイン』に触れたくだりはマユツバものと感じたのだ。が、高倉健の役は当初市という名で、アル中の酔いどれデカというキャラクター、そこには座頭市のイメージが投影されていること、ショーケンに話をもってきたプロデューサーとして西岡善信の名がでてきて、ショーケンの話を鵜呑みにはできないものの、かなり信憑性があることがわかった。予定どおりならマイケル・ダグラス、トム・クルーズ、勝新太郎、ショーケン、そして藤山寛美が共演する映画だったのだ。

東京（歌舞伎町）での撮影に都の許可が下りず、その他、いろいろ問題もあって、クランクインが遅れに遅れた。ここでも『影武者』に続いて勝新太郎の〈煮えきれなさ〉がでてくる。

西（大阪やハリウッド）での撮影にショーケンがまわりから「撮影に行くな」と言われたのは本当なのか。「死んでしまう」というのが、その理由だった。結局『226』の撮影のため、降りてしまうわけだが、オーディションで役を引き当てた松田優作は完成後、癌で死んでしまう……。

DONJUAN ROCK'N ROLL BANDがどのように結成されたかというくだりも興味深い。なぜ、ツインドラムなのか。それがわかった。

「DONJUAN　LIVE」を聴いたとき、バックバンドのテクニック、特にギターの音にしびれた。当時、速水清司だとばかり思っていたギターはもしかしたら石間秀機だったのかもしれない。

DONJUANにおけるこの二人の関係に言及しているところ。速水清司が脱退した理由。ああなるほどと思える。

このDONJUAN ROCK'N ROLL BANDが解散して、そのまま沢田研二のバックバンドCO-CóLOになる。へぇ、そういう関係だったのか。ショーケンの「このバンド、沢田には使いこなせないな」という思いはよくわかる。バンドにおけるヴォーカルの立ち位置について語っている。つまりショーケンは自分をバンドの一員として考えているが、ジュリーにとってはあくまでもバックバンドはバックバンドであると。

ショーケンがRコンサートの後、なぜ13年間も歌わなかったのか、ANDREE MARLRAUの面々が集まった中、なぜ井上堯之がゲスト出演しただけだったのか、そこらへんも語っている。そこから現在、井上バンドに速水清司が入っていないのか、なんとかなくわかる。

間違えてほしくないのは、あくまでもすべての事象をショーケンの立場、視点で語っている点である。客観性はない。自分はこうだと思っていたことが別の人にとってはまったく違っていたなんてことはよくある。『傷だらけの天使』の項で市川森一の発言にショーケンが異論を述べているように、その作品に参加した人数分の見方、考え方、意見があると思う。

本書を読んでいて思った。もし、80年代にショーケンの大麻が公にならなかったら、そのまま見過ごされて逮捕に至らなかったら。ショーケンはどうなっていたのだろうか？

僕はショーケンが大麻に手を出したのは『影武者』に参加する前後あたりからと推測していた。感性でさまざまな役を演じ（ただけでないことは本書を読めばわかるのだが）ていたショーケンが、30歳を迎えるにあたって、演技の壁にぶつかっていたのではないか、と。歌手活動を再開したのは、そんなフラストレーションの解消の一つで、同時に芸能界に蔓延している大麻に走ったのでは？

同じことは松田優作にも言えた。アクション俳優から役者への脱皮。それは『野獣死すべし』以降から感じられた。

ショーケンや松田優作と比べるのは恐れ多いが、僕自身だって、30歳になるときはジタバタしたのだから。全然次元が違うけれど。

話を戻す。

ショーケンの場合、『傷だらけの天使』のときからと知って、少々ショックを受けた。同時に怖くなった。ある思いが頭をよぎったのだ。

あのとき大麻で逮捕されなかったら、そのままヤク漬けになって、ある日突然死していたのではないかと。そうなれば、ショーケンの存在は伝説になって、永遠に輝いたかもしれない。海の向こうのジェームス・ディーンのように、日活黄金時代の赤木圭一郎のように。『ブラック・レイン』の後、久しぶりに村川透監督と組んで、スペシャルドラマに主演、以前のフィールドに帰ってきたんだと安堵させて、あの世に旅立ってしまった松田優作のように。70年代を体現した俳優として。

しかし、そんなことを僕は望んでいない。ショーケンにはとことん自分をさらけだしながら、ずっとアーティストでいてほしい。

ショーケンは3回地獄を見たという。最初はテンプターズ時代、事務所主導でまったく思い通りの音楽活動ができなかった。次が大麻による逮捕、謹慎。そして今回の恐喝未遂による謹慎。

考えてみると、ショーケンって一つ事件を起こすと立て続けに悪いことが続く。大麻のときも今回もその後に交通事故と離婚に見舞われた。交通事故は仕方ないとしても、本当は一番側にいて自分をささえていてほしい奥さんに愛想をつかされるというのが、ショーケンの性格を表している。

それはともかく、最初は例外として、同じ地獄といっても、今回が一番身に堪えたのではないだろうか？

大麻のときはどれだけ激しいバッシングがあったとしても、まだ30代、やり直せる気力や体力は充分あった。実際見事に甦った。ところが今回は50代半ば。これはきつい。心配したのはここなのだ。このまま引退（同様の状況）になってしまったら、いったいどうしたらいいんだ？　もっと悪いことも頭をよぎった。

ショーケン、そんな軟な男ではなかった。

本書でも語っている。最近、同世代の友人知人が癌で亡くなっている。

恐喝未遂事件で判決が下った。離婚。仕事はない。それでも考えは変わらなかった。

「じゃあ、癌にかかるのとどっちがいい？　あと何年もない命だと、医者に宣告されるのとどっちがいい？」

どんなに辛い目に遭っても私は生きていきたい。

私の人生には、まだ先がある、そう思った。

涙がでるほどうれしい言葉。

ただし、復活にあたって、もう一つのそして最大の懸念がある。ファンなら誰でも感じているあのこと。

そう、あの声、喉の具合である。もともと、演技の一つである思っていた声の裏返りが、あるときを境に必要ないところでも聞こえるようになってきた。Rコンサートでは、リハーサルで喉をつぶしてしまい、本番の7日間ずっと嗄れた声で歌唱せざるをえなかったのはその予兆だったのかもしれない。これは俳優生命として致命傷にもなりかねない問題だ。

声帯の手術をする、とニュースがあった。が、その後フォローがない。ある方に確認したところ、手術で良くなるものではないらしい。だったらいったいどうなるのか。

この件についての言及がまったくでてこない。一番知りたいことが。

最後、エピローグで触れられていた。

なぜ裏返るのか、説明している。治療としては、スチーム式の呼吸器で吸入するほかないのだそうだ。朝1時間、昼1時間、就寝前に1時間。それからうがい薬によるうがいを7回。油断するとまた戻ってしまうという。

逮捕されてからこれまでの時間は、神様が与えてくれた長い療養期間だったのかもしれない。

何もいうことはない。その日を待つだけだ。

それから、ああ、自分と同じ考えだ、と思った次の言葉も紹介しておく。

神はいる。仏も存在する。私はそう信じている。ただし、特定の宗教に帰依しているわけじゃない。信仰心は自由だから。私には、私だけの宗教がある。

２００８／３／17

「the 寂聴」—TVのショーケンタブーを考えながら頁を繰る

今のTV界って、ショーケンをタブー視しているのではないか？　完全無視というか。そんな思いがしてならない。

ＴＢＳの人気番組『ズバリ言うわよ！』から細木数子が降板して、残されたレギュラー陣（くりぃむしちゅーと滝沢秀明）で装いを新たに始まったのが『大御所ジャパン』だ。低視聴率であっというまに終了してしまったが、ベテラン俳優・女優をゲストにさまざまなランキングを楽しむ番組だった。

たまたま見たときが、若者に影響を与えた俳優ベスト20（だったと思う）。すでに番組は始まっており、ベスト12あたりからだったのだが、松田優作（『探偵物語』）は登場したものの、萩原健一の〈は〉の字も出てこない。もしかして、13位までに扱われていたわけか？　そんなバカな！　70年代のショーケンの、若者への影響力ってとんでもないものがあったはず。確か第1位は石原裕次郎だったので、ベスト1とはいわないが、2位になるくらいの存在だった。

またあるとき、チャンネルを合わせたテレビ朝日「SmaSTATION!!」。刑事ドラマの特集で、数々の昭和の名作、傑作を紹介していた。にもかかわらず、『太陽にほえろ！』のマカロニ刑事には最後まで触れられなかった。それまでの刑事の概念を覆した画期的なTV映画だったのに。

とにかく、過去の業績までも「なかったこと」にするのは許せない。

ショーケンを取り上げるのはもっぱら活字の世界だ。

自伝本『ショーケン』、ショーケンを表紙に起用した雑誌『不良読本』、掲載された矢作俊彦の小説「傷だらけの天使リターンズ　魔都に天使のハンマーを」はあっというまに単行本『傷だらけの天使　魔都に天使のハンマーを』になった。すべて版元は講談社。そうか、講談社がショーケン復活プロジェクトの仕掛人か。

昨年9月に発売された季刊文芸誌『en-taxi』23号（扶桑社）を書店で見たときは小躍りしたくなった。TVドラマ特集でショーケンがインタビューされていたのだ。

若手ミュージシャンのCDにヴォーカルで参加して、「クイックジャパン」で対談していることを知り、書店で探したが見当たらなかった。

ほかにもいろいろとインタビューなど受けているらしいが、僕は見たことがない。

ショーケン特集の決定版ともいうべき雑誌（ムック）が出た。瀬戸内寂聴責任編集の「the 寂聴」第1号だ。昨年の12月に発売されたもの。全然知らなかった。先週、萩原健一で検索していてわかった。特集は「萩原健一と歩く浄土　横浜／京都」。あわててamazonに注文した。

それにしても、最近この手の作家個人を売りにした雑誌が増えている。小林よしのりの『わしズム』が先鞭をつけたのか、「週刊　司馬遼太郎」なんていうのもある。

ショーケンと寂聴さんの特別対談が二つ。

その1が横浜にて「不良が歌うブルース　ありあまる冒険心を抱いて」。もう一つが京都・嵯峨野寂庵での「生きること、恋すること　燃えさかる火のもとで」。

２００９／１／21

『ザ・ノンフィクション　ショーケンという「孤独」』

どうせなら『ショーケンという名の孤独』にすればよかったのに、このドキュメンタリーのタイトル。テネシー・ウィリアムズの有名な戯曲から考えられたとしたらもっと徹底したほうがいい。でもそれでは意味が微妙に違ってくるか。

映画に主演（出演）するっていうことは、すごいことなんだなあと改めて思う今日この頃。映画のパブリシティのため、主演（出演）俳優の、公開前のメディア露出がハンパではない。それがすげぇなと。

最近のショーケンのメディア露出って、昨年の今ごろでは考えられなかった。だいたいＴＶ界はショーケンを抹消していると感じて憤慨していたのだ。過去の名誉まで〈なかったこと〉にしているようで、それがどうにも納得できなかった。

以前にも、この件について言及したが、以後も目の当たりにしている。

たとえば、今年の2月27日、28日、3月1日、フジテレビが開局50周年記念ということで、3夜連続の特別番組を放送した。3夜をそれぞれ〈歌〉〈バラエティ〉〈事件〉のカテゴリーで括り、局に秘蔵されている映像をふんだんに使って、開局から現在までを振り返るという興味深い企画。

フジテレビには『夜のヒットスタジオ』という長寿番組があった。いろいろな歌手が出演している。ショーケンも、自身のバンド、DONJUAN ROCK'N ROLL BANDを率いて何度か出演していた。僕自身、YouTubeで知ったことなのだが。かなり貴重な映像である。

にもかかわらず、番組ではまるっきりショーケンに触れなかった。70年代から80年代にかけてのミュージックシーンでショーケンが果たした役割は小さくはない、はずなのに。松田優作の映像は流れているので、余計にその思いは強い。

ＴＢＳ、テレビ朝日、フジテレビ。このショーケンを無視した処置の要因は何だろう。

放送前に、またショーケンが事件を起こしたら、再編集しなければならないからか。スタッフの労力や手間を考えたら最初から取り上げない方がいい、と判断したのだろうか。

8月15日、隔月恒例の落語会（立川談四楼独演会）があった。終了後、会場で打ち上げがあって、二次会の会場に向かう途中、お客さんで来ていたフジテレビのプロデューサーの方と一緒になった。疑問をぶつけてみた。その方は、バラエティの方で、その番組にはまったく関わりがない。あくまでも自分の推測だけどと断った上でこう言った。

「単に知らないだけですよ、ディレクターやプロデューサーが。ショーケンのことを」

それはそれで悲しいことだ。

ショーケンは、まず活字の世界で復活したのだが、『TAJOMARU』公開を控えて、TV出演が目立ってきた。『チューボーですよ！』で復活は確信できた。知りたいことはほとんどカバーしていた。ドキュメンタリーでは何がわかるのか、期待に胸がはりさけそうになった。ちと大仰か。

「何でも撮っていい」

取材スタッフに対するショーケンのスタンスは、05年のあのときと同じではなかったか。恐喝未遂容疑で逮捕される当日、ショーケンは自宅にカメラクルーを招き入れ、すべてをさらけ出した。

あの前後、TVから流れてくる一連の映像で、何とも嫌な気分に陥ったのは、兎にも角にもショーケンの声だった。台詞廻し、あるいは歌唱におけるショーケン節、そのアクセントでもあった裏返りが、必要ないところでも聞こえてくると心穏やかでなくなる。『チューボーですよ！』では、その裏返りがまるでなかった。心底安堵した。感激したのは、マチャアキとデュエットした「エメラルドの伝説」。もちろんふざけて歌っているし全盛時と比べてしまうと……だが、明らかに、03年のコンサート時より喉の状態は回復しているとみた。

その裏づけがこのドキュメンタリーでとれたのだ。素顔を、プライベートを撮るとは、普段の、演技ではない声が聞けるということだから。

雨の中、紺の帽子と雨合羽姿（ウィンドブレーカー？）でウォーキングするショーケンの姿が、途中途中にインサートされる。神代辰巳映画を意識してのことか。

スーパーの買い物で、メモを片手に、目的の品をカゴに入れるたびにペンでチェックしていく姿にショーケンの性格を垣間見る気がした。

「スーツ姿にスーパーの袋、これがあのショーケンだろうか？」

ナレーターは言うが、逆に首をかしげてしまう。だからこそそのショーケンではないか。だからこそ俺たちのヒーローだったのではないか？

スーパーで、お店の人に突然、「玉ねぎ一個売りありますか？」と尋ねる間（ま）と表情、「わぁ、ショーケンだぁ」と破顔したもの、僕は。

たまにわからなくなる。世間一般が求める（役者としての）ショーケン像って何だろう。一時「渋さ」がクローズアップされたときがある。なんか違うと思った。もっと軽やかでしなやかでコミカルで……うまく表現できないが。

先のスーパーのやりとりを含め、ショーケンらしさは何度も目撃できた。

ホテルでの台詞の練習で、変えられてしまった台詞に往生してしまい「変えられちゃったから、わからなくなっちゃった」とふてくされる。

友人の家に遊びに行って、ペットの黒のラブラドールと全身でたわむれる（こういうときの声の裏返りはうれしい）。

『TAJOMARU』の本番を終え、歓声をあげるスタッフ、キャストに「勝手にやってください、さよなら」とお茶目に言って、足早に撮影現場を後にする。

ショーケン帰還する——

今度こそはっきり確信した。

ショーケンが久しぶりに郷里を訪れ、長兄と母親の墓参りをした後、姉夫婦の家に立ち寄った。居間での団欒。このとき取材クルーに向けた義兄の発言が痛烈だ。

「うちの家族はね、この人（ショーケン）に関わるの大嫌いなの。この人が問題起こしたとき週刊誌来るでしょ。全部しらばっくれるの。わかりませんって」

ショーケン苦笑い。「問題起こすって。しょっちゅう問題起こしているみたいじゃん」

義兄の言葉が世間一般のショーケンに対するイメージを代弁している。

ショーケンは大麻吸引をはじめ、反社会的な行為で何度も警察のお世話になっている。

こう認識している人が世の中にはたくさんいるということだ。

何度も逮捕されて、その都度謹慎、しばらくして復帰する。芸能界は甘い世界だ。

最近メディアを騒がせている芸能人の覚醒剤汚染に触れたブログで、こんな趣旨の記述をよく目にする。

苦笑いではなく、真顔で反論したい。「ショーケン、そんなにしょっちゅう問題起こしていたか？」

勘違いしている人が多いので、声を大にして言っておく。１９８３年に大麻で逮捕されたが、薬物による逮捕はこのときただ一度だけ。

二度目の逮捕は22年後、２００５年の恐喝未遂だ。罪名だけ聞くとなんとも印象が悪い。が、事件の内容を知ると「なぜ警察が介入するの？」と思わざるをえないものだった。降板した映画のギャラの支払いをめぐってプロデューサーと揉めていて、電話で脅したというもの。暴力団の名前をだして「このままじゃただではすまないから」とかなんとか言ったことが恐喝未遂にあたるというのだ。そんなバカなと思った。それらしい人数人を連れてプロデューサーに直談判したというなら、部屋に軟禁して「払う」と言うまで怒鳴りちらしたというのならわかるのだが。

メディアも本人が好調のときは〈反逆のカリスマ〉なんて持ち上げるくせに、いざ警察沙汰になるとその反逆ぶりを非難して徹底的に叩く。

個人的にはこの反逆のカリスマ等々のキャッチフレーズ（？）に馴染めない。どこからそういうイメージになったのだろう？　これまでの主演したTVドラマや映画からみても、明らかに反体制側のキャラクターはほんのわずかでしかない。

大学生、漁師、商社マン、板前、競輪選手、整備師、美術教師、気象予報士……現代劇では、ごく普通の人間、まあ、ちょっとばかり世間からずれている場合もあるけれど、特殊ではない。そんな人間を、ショーケンらしく演じていただけではないか。

蜷川幸雄はショーケンを日本で初めて屈折を表現した役者として評価する。たとえば「あなたを好きです」という台詞。それまでの日本の俳優は相手にちゃんと言えた。ショーケンの世代になると素直に言えない。その屈折を演技に持ち込んで鮮やかにやったのがショーケンだった。天才的な演技で、ショーケンの一番すごいところだったと。だからこそ、「(トップを走る) 不幸ってあるんだよ。やっぱり孤立するんだよなあ」。

当時シラケ世代と言われた。ショーケンはその代表のように思われた。ある映画評論家はショーケンの演技についてこんなふうに表現した。熱くなりたくて、何かに燃えたくて、わめいて叫んで大暴れして、だけど何の手ごたえもなくて脱力してしまう。正確ではないがこんな意味だったと思う。一世代下のティーンエージャーはそんな青年像に激しく共鳴したのだ。見た目のかっこよさとともに。かっこ悪いところもまたかっこ良くて。

二度目の逮捕に関しては逮捕そのものより、主演俳優とスタッフ最高責任者の間の、契約に関するちょっとした齟齬になぜ警察が介入してきたか、という方が本質的な問題だと思っている。単なるプロデューサーと俳優の確執ではなく、映画（ドラマ）製作における、ショーケンとその他のキャスト、スタッフの確執、つまり信頼関係の破綻ではなかったか。

撮影現場での、ショーケンの常軌を逸した横暴ぶりが問題にされ、キャスト・スタッフの積もり積もった鬱憤が、プロデューサーを被害者に警察沙汰にしてしまった……ような気がしてならない。その横暴さも、いい映画にしたいがための、ショーケンなりのかき乱し。それを理解しながらプロデューサーはショーケンではなく主演女優を選ばざるをえなかった……。

このドキュメンタリーでも『TAJOMARU』のシナリオを巡ってプロデューサー・山本又一朗と一触即発的なやりとりをしているところが見られる。ショーケン自身今の立場がわかっているだろうし、そもそも山本プロデューサーが策士だから、丸く収まるのだが、こういうところから過去の起きてしまったであろうスタッフ・キャストとの軋轢が想像できる。

いつの間にか台詞を変えられて、元に戻したはいいものの、なかなか覚えられない。そのイライラが現場で爆発……なんてことが5年前ならあったのかもしれない。

プロデューサー山本又一朗の名前を記憶したのは長谷川和彦監督『太陽を盗んだ男』だった。沢田研二と菅原文太が共演する、これまでの日本映画の常識を打ち破るアクション巨編、エンタテイメント作品だったにもかかわらず、興行的に惨敗した。その影響かどうか、以後長谷川監督は新作を撮れないでいる。

山本プロデューサーは、というと、その後もベルサイユ宮殿でロケを敢行した『ベルサイユのバラ』や大ヒット四コマ漫画『がんばれ‼　タブチくん‼』のアニメ化等々、既成の映画会社では発想できない企画にチャレンジしていた。遺族の申し立てで日本では未公開になった『MISHIMA』もそうだったのか。角川春樹と並んで70年代、80年代を駆け抜けた名物プロデューサーだった。ビデオ用の映画、いわゆるVシネマに最初に注目した人でもあるらしい。

つい最近知ったのだが自身のプロダクションには小栗旬が所属しているとのこと。というと、二人の関係は、昔の黒澤満（セントラル・アーツ）&松田優作みたいなものか。向かうところ敵なしではないか。

『TAJOMARU』では、その小栗旬を主役に据え、新感覚の時代劇に挑戦している。黒澤明監督の『羅生門』の主人公・多襄丸を小栗旬に演じさせまったく別のドラマを展開させる。脇を固めるのは松方弘樹や近藤正臣のベテラン勢。もちろんショーケンも出番は少ないものの重要な役で出演する。

『羅生門』と同じ芥川龍之介『藪の中』を原作としながら、内容はほとんどオリジナル。映画自体は若者向け。タイトルが『多襄丸』ではなくアルファベット表記なのがいかにもだ。ショーケンを出演させて、復帰作品とさせる。マカロニ、修ちゃん、サブちゃんに夢中になった中年世代にもアピールさせようという魂胆だろう。まさに一石二鳥だ。山本プロデューサーを策士と書いた所以である。

『TAJOMARU』脚本でショーケンと揉めた際、同じ土俵にいないもの。ショーケンの物言いをキャッチボールしているふりして受け流している。役者やの〜。

ショーケンが俳優として注目されたのは『約束』である。続いて主演した『青春の蹉跌』ではキネマ旬報主演男優賞を受賞した。

脚本を書いたのが長谷川和彦だ。大幅に主人公のキャラクターを変えている。石川達三の小説では野望に燃える上昇志向の強い法学部の学生だった。映画ではおなじ司法試験を狙う大学生でも、どこか醒めていて、優柔不断。捨て鉢でやるせない。この主人公をショーケンは的確に演じた。

このキャラクターは『太陽を盗んだ男』の主人公に通じる。個人で原爆を作ったのはいいが、どう政府に脅しをかけていいかわからない。いつも途中で終わってしまう野球中継を最終回まで中継させる、かつて（麻薬問題で）来日が不許可になったザ・ローリングストーンズの武道館コンサートの実現。そんなことで悦に入る男を演じたのはジュリー（沢田研二）だけど、当初はショーケンの案もあったらしい。

ショーケンの『TAJOMARU』への出演は、山本さんプロデュースの主演映画、その映画の前哨戦らしい。

だったら……。

もし山本又一朗プロデュースで『傷だらけの天使』が映画化されるのなら。

個人的には今の時代に『傷だらけの天使』の続編を映画化することに対して「うーん」

ではあるけれど。

とにかく映画化するのなら、長谷川監督ならどうかな、と。

公開するとき、やはり話題性は必要だ。

乾亨は死んでしまったけれど、でも別の役で水谷豊の出演はかかせないだろう。水谷豊は長谷川監督のデビュー作『青春の殺人者』の主演で映画賞を独占した。

こうなったら、ショーケンの唯一のライバル、ジュリーにも出てもらう。ジュリーは『太陽を盗んだ男』だけでなく、長谷川さんが脚本を書いた、三億円事件の犯人が主人公の『悪魔のようなあいつ』にも主演しているのだ。

二人とも否とは言えないだろう。

だったら、だったら！

『太陽にほえろ！』つながりの関根恵子も！　水谷豊なら『青春の殺人者』つながりの原田美枝子も！　原田美枝子は『大地の子守歌』でお遍路やってるから、強引にショーケンと結びつける。

10代、20代の観客なんて目じゃない。誰が若者に媚びるものか。45歳以上を対象にした映画だぞ。


拓郎の歌が聴こえてくる。

古い船を今動かせるのは古い水夫じゃないだろう。

そうかもしれないけど、さ……。

これならどうだ。

松田龍平をゲストで呼ぼう。この際だ、松田翔太も。

まあその前に、番組最後で予告した市川森一脚本の、旅情豊かな映画に期待しています。

2009／9／13

『TAJOMARU』―ショーケンの復活は確信できた

ショーケンの復帰作。5年ぶりの映画出演。このときをどれだけ待ち望んでいたことか。映画そのものにはまったく期待していなかった。

ショーケンが出演していなければ、劇場に足を運ばなかっただろう。

最初黒澤明監督『羅生門』のリメイクとしてこの映画（の製作）を耳にした。首をかしげた。しばらくして、主人公は同じ多襄丸であるものの、ほぼオリジナルのストーリーになると知った。納得した。日本で黒澤作品をリメイクしても内容的にも興行的にも失敗すると思ったからだ。批評で叩かれ、ヒットもおぼつかない。関係者にとっては踏んだり蹴ったりの状況になるのは目に見えている。芥川龍之介『藪の中』を新解釈で映画化した作品、と喧伝された方が聞こえが良い。主演の小栗旬が、まさに旬。ショーケンが将軍役で出演するというニュースに感激した。

にもかかわらず、映画に期待しなかったのはなぜか？ショーケンのインタビューだった。台本（初稿）を読んだショーケンが、現代語で書かれた台詞をすべて当時の言葉に書き換えてプロデューサー（＆監督？）と打ち合わせしたのだが、結局台詞は変更されることはなかった、というようなことを語っていた。ショーケンの復帰を1年間に亘って追いかけたドキュメント『ショーケンという「孤独」』（フジテレビ）で、シナリオについて、ショーケンとプロデューサーが討論するくだりがある。このときのプロデューサーの発言「時代劇だからといって史実だけを描いたのでは面白くない、自由な発想をしたいがために時代劇を撮る」に引っかかった。アクション重視という し、北村龍平監督『あずみ』みたいな映画になるのだろうと勝手に判断したわけだ。

予感は的中した。冒頭の、子役たちのシーンなんて、もろ現代劇なのだ。このシークエンス、本当に必要だったのか？

子どもたちが成人してから、つまりメインの俳優が登場してくると、どうにか見られるようになるが、それにしても登場人物の誰にも感情移入できない。というか、この映画、スクリーンの中でただ単にストーリーが流れているという印象なのだ。人物はこのストーリーの流れの中の駒でしかない。デッサンが無茶苦茶。キャラクターも展開も薄っぺらく底が浅い。その結果ベテラン以外の俳優陣は影が薄くなった。特に主役の二人。悲しくなるくらい魅力がない。でもこれは俳優の責任ではなく、演出のせいだろう。

アクションしか撮れない監督なら、小栗旬を頭にした盗賊たちの話をメインにした映画にすればよかったのに。洋楽をバックに盗賊の日々をスケッチするシーンに斬新さを感じたし、ノリもよかった。そんな盗賊三昧の話に頭の出自とか、恋人との別れ等を絡めていく。クライマックスは法廷シーンで、ある人物の証言によって意外な事実が浮かび上がってくる……。

目当てのショーケン。前半と中盤に登場シーンがあるが、能（狂言）を取り入れた新機軸のライブパフォーマンスのようだった。左の掌を左耳にあてて、声を聞こうとする姿にニヤニヤしてしまった。完全に復活している。

松方弘樹は映画俳優の真髄を見せてくれた。口跡がたまらない。この口跡、若手では盗賊一味に扮する山口祥行や、やべきょうすけが継いでいる。

そういえば、キャストクレジットに須賀貴匡の名前があった。盗賊の一人だ。名前に見覚えがある。調べてみると「仮面ライダー龍騎」の主人公ではないか。山口祥行は「仮面ライダーカブト」のレギュラーだったし、なるほど、なるほど。

本田博太郎の相変わらずの怪演がうれしい。

ショーケンの復活が確信できただけ良しとしよう。

２００９／９／18

萩原健一・絓秀実『日本映画［監督・俳優］論』（ワニブックス【PLUS】新書）

自伝『ショーケン』（講談社）の出版以降、ショーケンのメディアへの露出がじわりじわりと増えてきた。

肝心の映像作品は『TAJOMARU』の次に予定されていた『ナオミ』がポシャってしまったらしいが、ライブ活動（「ANGEL OR DEVIL」）が今年1月に引き続き今秋も開催されている。前回と違ってほとんどライブなのに〈トーク&ミニライブ〉と銘打っているのはフルバンドでないことのエクスキューズなのか。

9月の横浜（関内ホール）に始まって、名古屋、大阪。ラストは東京（なかのZERO）。関内ホールのライブはツアー（？）の最初ということもあったのか、まとまりに欠けていた。シッチャカメッチャカ。この表現が正しいかどうかわからないけれど、それが率直な感想。ショーケンとスタッフの意思の疎通がうまくいっていなかったような気がする。一番前の席（の端の方）だったので、終始ソデ（のスタッフ）に向かって指示しているショーケンの表情を目の当たりにして苦笑いするしかなかった。イライラ感が伝わってくる。声の状態にも一喜一憂。……ああ、書いちゃった。

新しい発見もあった。ギターの長井ちえ。女キース・リチャーズって感じで実に堂々としていてかっこよかった。

その後の名古屋、大阪は良くて「横浜は何だったのか？」なんていう感想もあるので、東京のラストライブに期待している。

ＣＭ出演には驚いた。サントリーのウイスキー山崎。『TAJOMARU』の主役、小栗旬と共演している。まだ一度しか見たことがないが、ショーケンらしくて大変うれしい。

雑誌へも頻繁に登場している。時代の証言者としての役割が大きい。つまり『ショーケン』に綴られた70～90年代の映画、ＴＶ作品への関わりに言及しているインタビューが多いように思う。

「映画秘宝」5月号では「神代辰巳を語る」と題して取材されていた。1万2000字のロングインタビュー。

先々週あたりのＴＶ番組雑誌（雑誌名失念！）ではＮＨＫ大河ドラマ「元禄繚乱」について。インタビュアーがペリー荻野だった。もっともっと訊いてもらいたかった！『ショーケン』に影響を受けた思われる本が出版された。『日本映画［監督・俳優］論』だ。

本書が出版されると知ったとき『ショーケン』の影響だなと思った。『ショーケン』は自伝という触れ込みだったが、ショーケン自身が絡んだ70年代から90年代にかけてのＴＶ映画・ドラマ、映画のうちあけ話という側面もあって実に興味深かったのだから。

その部分にスポットを当ててショーケンに取材する映画評論家がいてもいい。

しかしなぜ共著者が絓秀実なのか？　絓秀実は文芸評論家である。『それでも作家になりたい人へのガイドブック』の著者として、同じく文芸評論家の渡部直己とセットでインプットされている。上梓されたころ図書館で借りて読んだ。

名前を覚えたといってもあくまでも字面。絓の読み方を知らなかった。〈すが〉と読むんですね。漢字の読みを知らないということは、『それでも作家になりたい人へのガイドブック』を読んでいないのではないか。まあ、いいや。

なぜ？　については冒頭で理由がわかる。キーワードは中上健次。ショーケンと中上健次の生い立ちが似ていて興味を持ったようだ。ショーケンはショーケンで中上健次の奥さんから小説の映画化作品の監督を依頼されたことがあったといい、もらったシナリオのあるシーンのすごさについて語る。絓秀実はすかさず「枯木灘」ではと答える。奥さん自身が二人の共通性を感じていたのでしょうと。

ショーケンへのインタビューのあと、巻末に『百年の孤独を生きる、現代の「危険な才能」――つかこうへい／神代辰巳／中上健次とショーケン』と題する文章をしたためことでもそれはわかる。この文章を書きたいがためにショーケンにインタビューしたのでは？　なんて詮索したくなったりして。

いやいや、そんなことはどうでもいい。本当に興味深い話を引き出してくれるのだから。

映画研究者・山本均の協力と助言の賜物だろう。

前述の話から次の主演作に予定されている『ナオミ』（「痴人の愛」）のあるシーンになり、『ヴェニスに死す』に続いてもう完全に引き込まれてしまった。沢田研二の話では声をたてて笑ってしまった。『カポネ大いに泣く』でのハットのかぶり方！

ジュリー主演の『太陽を盗んだ男』から『地獄の黙示録』へ。

ああ、長谷川監督の才能を認めるのなら、一度長谷川監督作品に出演してくださいよ！

そのあと、黒澤明監督の『影武者』の話になるのだが、ここで総毛立った。血が逆流した。『影武者』撮影前にフランコ・ゼフィレッリに誘われたと言うのだ。ショーケンも結秀実も知らないのか、まったく話題にしていないが、あの『ロミオとジュリエット』『ブラザーサン・シスタームーン』の監督ですぜ！

フランコ・ゼフィレッリ監督に誘われたと知って、真っ先に興味を抱いたのはどんな経緯でショーケンにオファーしたのか、ということ。すごいアプローチだったらしいから、何かショーケン主演の映画を観たことは確かだろう。『股旅』じゃないかと推理するのだが、そこらへんについてはまったく言及されていない。

衝撃的な事実は『影武者』でも紹介されている。もともと主演に中村翫右衛門を予定していたとか、信長役が渡辺貞夫だとか。どこまで本当なのか。野上照代の『天気待ち』（文春文庫）とはまったく違う内容。確か『天気待ち』には信玄と影武者を若山富三郎と勝新太郎に演じさせる予定だったと書いていたはず。若山富三郎が黒澤監督と勝新太郎が仲違いすることを予想してオファーを断ったために、勝新太郎の二役になったと説明していた。

ショーケンの話は、たぶん本当なのだと思う。本当というか、まだ製作が、キャスティングが確定していないころの会話のキャッチボールではないかと。

70年代後半、ショーケンはことあるごとに黒澤映画への憧れを口にしていた。黒澤監督を崇拝していた。念願かなって『影武者』への出演が決まってからというもの、映画に対する入れ込み方は尋常ではなかった。

にもかかわらず、映画が完成してからというもの、準主役のショーケンの評判は芳しくなかった。あまりの悪評に封切時はもちろんのこと、ビデオも観なかった。ずっと自分の中で封印していて、数年前にやっとDVDを手にとったほどだ。

黒澤監督とショーケンとは相性が悪かったのだ。そう長い間思っていた。ショーケンの黒澤監督、黒澤映画に対する思い入れに相反して、黒澤映画ではショーケンの魅力は発揮できないのだと。

その証拠にその後の黒澤作品には出演してないのではないか。根津甚八は『影武者』に続いて『乱』にも重要な役で出演している。『乱』で黒澤映画に初出演した原田美枝子は『夢』にも出演した。もし監督自身の手で映画化されていれば『海は見ていた』のヒロインも演じていたかもしれない。

ショーケンの場合は、『影武者』後黒澤作品への出演の話はまったく聞こえてこなかった。監督自身が『影武者』でショーケンを見切った結果ではないか。そう勝手に推測していたのだ。

それもどうやら違うらしい。黒澤監督にはあともう一本やろうと誘われたにもかかわらず、金銭的理由で首を縦にふらなかったというのが真相らしい。黒澤映画がインしたらそれだけにかかりっきりになる。『影武者』は約3年没頭した。そんなこと何度もできるわけがない。

これもある意味正しくて、でも真実ではないような気がする。もし『影武者』におけるショーケンの評判が良かったら喜んで『乱』に出演したような気がする。苦労して、それこそ死ぬ思いで出演して完成させた『影武者』で、評論家から「ショーケンが何言っているのかわからない」なんて言われたらそりゃかなりショックだろう。

撮影時の、黒澤監督に対する愛憎半ばする気持ちが垣間見られたのもうれしい。「あんた何様?」という反発心、と同時に自分みたいな若造に天下の巨匠が撮影時あれこれ意見を求めてくる不思議さ。

もし黒澤監督が、ショーケンに対する姿勢を勝新太郎にも見せていたら、あの降板劇はなかったかもしれない、と思えてならない。

黒澤監督の勝新太郎に対する態度は、もしかしたら『股旅』撮影時の市川崑監督がショーケンに見せたのと同じだったのではないか。

黒澤明（第一章）、神代辰巳（第二章）のあと、これまで一緒に作品に取り組んだ監督たちについて語る第四章でやっと市川崑監督『股旅』が話題になる。

『股旅』は市川崑監督後半のフィルモグラフィーの中で個人的にベスト3に入れているくらい大好きな作品だ。またショーケンがショーケンらしさを発揮しているという点でも忘れられない。『約束』『股旅』『青春の蹉跌』は僕の中でショーケン初期3部作に位置づけされているくらい。

さぞや市川監督にも作品にも思い入れがあるのでは？ なんて期待していたのだが見事に冷水をかけられた。まるで評価していないのだ。興味がないと断言している。ショーケンが撮影中に蜂に刺されたとき崑監督から「大丈夫か」と声をかけられていたら少しは印象が違ったのか。

ずいぶん昔になるが、書店で小倉一郎の本を見つけ『股旅』の撮影中にショーケンと大喧嘩したエピソードを興味深く読んだことがあった。数年前、知り合いの役者さんの誘いである芝居を観劇した。終わってから飲み会になったのだが、その中に小倉さんがいた。たまたま席が隣になったので、喧嘩の真相を訊いてみた。

要は監督志望の小倉さんが向学のために演出や撮影について崑監督から教えを受けたと、それが面白くなかったのではないかと。カメラも覗かせてもらったとも言っていたような。同じように映画監督を志望していたショーケンは扱いの違いにカチンときたのではないか。たぶん、市川崑監督への憧れがあった小倉さんと、そうではない（終始突っ張っていたであろう）ショーケンの態度の違いによるものなのかもしれない。そりゃ、自分に好意的な人には優しくなれる。

でも、天邪鬼な僕にはショーケンの、「おいこの野郎、監督におべっか使うんじゃねぇぞ」という気持ちもわからなくはない。

『影武者』撮影時は、何しろ憧れの監督だからかなり尊敬のまなざしで黒澤監督に接した。勝新太郎は映画人としてのキャリア、また単なる俳優ではない、監督としての実績もつんでいる自負もあって、すべてを委ねる対応ができない。ゆえに、黒澤監督は撮影中にあれこれショーケンに意見を求め、勝新には「監督は二人いらない」的な発言になってしまったのではないか。これまた、勝手な推測だけれど。

『股旅』撮影時も、監督の冷たい仕打ちもなんのその、ショーケンがもっと胸襟を開いていたら第二、第三のショーケン主演の崑映画があったかもしれない。黒澤監督より、小品ならば崑監督の方がショーケンを活かす映画を撮っていたと思えてならなかったので。

ショーケンが崑監督の手法をテレビのカット割りと言うのは納得できない。

第五章で『イージーライダー』を語っているときに、二人の俳優の台詞の重なりをどう録るかを話題にする。この台詞の重なりを絶妙なカッティングで表現したのが崑監督なのだ。『悪魔の手毬唄』のとき感激したもの。リメイクの『犬神家の一族』でも見ることができる。それはテレビのカット割りとはまったくの別物と思うのだが……

監督が自分の強い願望で作った作品よりも、あまり乗り気にならないようなものの方が、結果的に出来が良い。と、ショーケンは言う。黒澤監督なら『乱』より『影武者』の方がいい。神代監督なら『離婚しない女』より『恋文』だと。

同じことは役者についてもいえるのではないか。『幕末太陽傳』のフランキー堺がいい例だと思う。

それはともかく、神代作品の中で一番出来がいいと思っている作品は？ の問いにショーケンは『もどり川』だと答える。自身の大麻事件がなければもっと話題になったし評価もされただろうと。

この映画もあの大騒動ですっかり嫌気がさして自分の中で封印してしまって、5年前にやっとスクリーンで拝見した。ショーケン×神代辰巳の総決算という意気込みは十分感じる。が、あまりに肩の力が入りすぎていないだろうか。このコンビの魅力はもっと軽やかなところにあると思うのだが。

池部良が亡くなったとき、追悼の意味もあって、『傷だらけの天使』のDVDを取り出して観た。第4話の「港町に男涙のブルースを」。監督が神代辰巳だった。本書でも語っているが視聴率が最悪だったという。そりゃそうだろう。久しぶりに観て思ったものだ。これを始まってすぐに放映したら、ヘビーな映画ファン以外は引くって。

ちなみにこの第4話と第3話「ヌードダンサーに愛の炎を」はかなり女性の裸が露出する。午後4時からの再放送ではそこが問題にされてしばらく放送禁止（自粛）になったいわくつきの作品である。

『傷だらけの天使』とともにファンの間でいまだに語られるTVドラマが『前略おふくろ様』だろう。第2シーズン開始前、ショーケンは取材に対してこう応えていたのを覚えている。

「おんなじことしたって意味ないからね。倉本さんにはそう伝えてある。もし第三弾やるっていったら縁切るから」

その理由が第三章でわかる。倉本聰のエッセイに書かれたショーケンの「故郷に錦を飾る」の〈錦〉を〈綿〉と読んだエピソードは作り話だったのか。倉本聰との距離を置くようになったドラマの内容。とすると、芸術祭参加のスペシャルドラマ『町』はどう思うのだろうか。

もちろん、この章でショーケンは倉本聰を否定してるわけではない。黒澤監督の倉本脚本への物言いに反発する姿は頼もしい。

蜷川幸雄と芝居ではなく映画をやりたいという気持ちもわかるような気がする。ショーケンにとって舞台は歌なのだ。歌はバンドを従えた一人芝居ではないか。『竜馬を斬った男』は柳町光男監督作として観たかった。なぜ柳町監督から山下耕作監督にスイッチしたのか。映像京都（西岡善信）を否定されては仕方ない。

大きく頷いたのは、「第五章」で映画とテレビの関係はどうだったかという質問に対するショーケンの回答。「偏見はなかった」

抵抗感はあった。でも、それは映画とテレビの違いというより、スタジオドラマは窮屈だということ。外でやりたい、ロケの撮影が好きだった。だから大河ドラマに出演したい気持ちは「全然なかった」。

とはいえ、『傷だらけの天使』でも『くるくるくるり』でも『前略おふくろ様』でもショーケンの魅力は変わらない。

劇映画（35ミリ）とTV映画（16ミリ）、TVドラマ（ビデオ）を何の境目もなく自由に行き来したショーケン。70年代はそこがとても新しく魅力的だったのだ、と今にして思う。

劇映画に限っていえばショーケンは文芸ものが似合っている。絓秀実が中上健次とショーケンを重ねあわせるのは次作への予兆だろうか。

2010／10／22

その後の『ショーケンという「孤独」』

先週、3連休の最終日である12日（成人の日）は映画サークル「シネマDEりんりん」の新年会だった。シネりんは2年半ずっと不参加だったが、今年からはできるだけ参加するつもり。

というわけで、新年会は18時からだが、17時からの今年の活動計画に関する打ち合わせから出席した。

紀伊國屋に立ち寄ったことで少し遅れて会場に到着すると見知らぬ顔の方がいた（こちらだって、見知らぬ顔なのだが）。その一人がこの会の実行役員的存在のI氏と話していて、会話の中に『ショーケンという「孤独」』という言葉がでてきたので思わず耳をそばだてた。

新年会が始まって、その方に『ショーケンという「孤独」』の話題をふると、なんと番組でショーケンを取材した本人だった。カメラもまわしているとか。名刺をいただいた。ジャーナリストの原渕勝仁氏。最近では北朝鮮のよど号犯人たちを取材した様子が某ニュース番組で流れたとのこと。

『ショーケンという「孤独」』では企画としてクレジットされているという。『ショーケンという「孤独」』は、フジテレビ『ザ・ノンフィクション』で企画されたドキュメンタリーではなかった。実際は放送されるまで紆余曲折があったという。まだ何のアテもないうちから、原渕氏がショーケンに密着してカメラをまわしはじめた。ショーケンのマネージャー氏から依頼されて。もちろん経費は自腹である。

その後、いくつかの番組に売り込んだ。最初はうまくいかなかった。某局では、稟議が最終決裁までいったものの、その最終決裁者が「犯罪者のドキュメンタリーなどまかりならん」と却下されてしまったとのこと。やはりＴＶではショーケン排除の風潮があったのか。

で、『ザ・ノンフィクション』のプロデューサーに取材テープを見せたところ、「よくぞこんな映像が撮れた！」と感激して即座にＧＯサインが出たと。

「だから企画書は提出していないんですよ」と原渕氏は笑った。

『ショーケンという「孤独」』を観て、私はショーケンの復活を確信したんですよ！　映画『TAJOMARU』の出来は悪かったけれど、ショーケンの演技には大いにうなずけるものがあり、その後の活躍を期待していたのですが……。

トーク&ライブも成功し、あとは本格的に映画で復帰、のはずだった。にもかかわらず、主演の「痴人の愛」の映画化（『ナオミ』）はポシャり、助演（?）の『朝日のあたる家』はプロデューサーの詐欺事件の影響でお蔵入り。以降、映画出演の話は聞こえてこなくなった。映画復帰に尽力していた市川森一さんが亡くなられて、それが理由かどうかわからないけれど、『傷だらけの天使』映画化の話もナシのつぶて。

「『ショーケンという「孤独」』ＰＡＲＴ２も準備されていたんですよ」

２はライブ中心に構成される予定だったとその構想を語ってくれた。

観たかった！　観たかった！　観たかった！

いったいどうしてこうなってしまったのか？

まあ、なんとなくはわかっている。

ファンだから批判的なことは書きたくないが、ひとつだけ。

不遇時代にネットサーフィンしていろいろなショーケンネタを仕入れては、紹介、リンクを貼った個人のファンサイトを肖像権の問題であっけなく閉鎖させてしまった、あの対応はないだろうと憤った。確かに問題は大ありだけど、その処置を施す期間、猶予をなぜとれなかったのか。

２０１５／１／19

Ⅲ　ドキュメント　萩原健一映画祭

あるプロデューサーの話

フリーの映画プロデューサー（確かチームオクヤマを率いている）、奥山和由が『傷だらけの天使』の映画化を進めているらしい。あるイベントのトークショーで口にしてニュースになった。

その前から『傷だらけの天使』映画化の噂はあった。自伝『ショーケン』を出版した講談社は、ショーケンを表紙にした『不良読本』なる雑誌（月刊誌の増刊）を刊行。矢作俊作の新作「傷だらけの天使リターンズ　魔都に天使のハンマーを」が目玉だった。あっというまに単行本（『傷だらけの天使　魔都に天使のハンマーを』に改題）にもなった。

この小説を映画化するのかどうかわからないが、ショーケンの復帰を含んだ『傷だらけの天使』映画化プロジェクトは講談社主体で進行しているのかと推測された。このプロジェクトに奥山プロデューサーが絡んでいるのか。それとも、まったくの別企画なのか。監督（深作健太）、撮影（木村大作）は決まっているとか。水谷豊の名前がでてくるところが奥山流だ。これならショーケンや『傷だらけの天使』を知らない世代にもアピールできる。

しかし亨は死んでいるのだ、どうやって水谷豊を登場させるのか。

実は亨は死んでいなかった……まさかね。

亭にそっくりな人物……ありきたりだな。

生き別れた双生児の弟だった……ふざけるな！

『傷だらけの天使』に固執するのではなく、新作映画として二人の共演を考えればいいのに。ショーケンは探偵で、依頼人が水谷豊とか。

久しぶりに奥山和由の名前を見たような気がする。いや、これまでだって活躍していたのだろう。単に僕が彼のプロデュース作品を観ていないだけのことで。

松竹の敏腕プロデューサーだった。父親が松竹社長で若いときから活躍していた。

ショーケンとの絡みでは『226』『いつかギラギラする日』を思い出す。

『226』はいまだに観ていない。『いつかギラギラする日』はすぐさま劇場に飛んでいった。タイトルに思い入れがある。角川映画の、『犬神家の一族』に続く第二弾にラインナップされていたのだ。もちろん、内容は全然違う。ものすごく気に入っていた映画タイトルなのに、いつのまにか企画は立ち消えになった。それがショーケンの主演映画に流用されたのだから、どれだけ喜んだことか。

奥山プロデューサーは北野武監督を誕生させた人でもある。すぐに仲違いして切り捨ててしまうが。やがて、本人も松竹に切り捨てられてしまう。父親とともに役員を解任されてしまうのだ。

11月27日の朝刊で父親奥山融氏の訃報を知った。解任劇は1998年に起きたのか。

松竹元社長の訃報が新聞で伝えられた翌28日、斎藤耕一監督の逝去を知った。享年80。

もうそんな年齢だったのかとタメ息をついた。

斎藤監督の名はショーケンの実質的な俳優デビュー作『約束』で知った。映像派なので70年代前半夢中になった。といっても観たのは『約束』と『旅の重さ』の2本のみ。それもTVで。『約束』はその後劇場で押さえることができた。『旅の重さ』の原作は高校から大学にかけて追いかけた覆面作家、素九鬼子。主題歌はよしだたくろうの「今日までそして明日から」。

キネマ旬報ベストテンで第一位になった『津軽じょんがら節』はいまだに観ていない。当時興味津々だったのだが、ATG映画は地元の映画館にやってこないのだ。高倉健と勝新太郎が共演した『無宿』も面白そうだったが見逃して今にいたる。

ところで。

70年代後半から80年代にかけての角川映画全盛時代。映画はヒットするものの、どの作品も批評家筋の評価は低かった。角川映画を配給するのは東宝か東映。松竹は蚊帳の外だったわけだが、初めての松竹配給『蒲田行進曲』は内容的にも評価され数々の映画賞を受賞するのだった。

松竹といえば、70年代後半、ショーケンといしだあゆみの共演で井原西鶴の「好色一代男」が企画された。かなり期待したのだが、結局実現しなかった。

ショーケンには「痴人の愛」の主演オファーがきているらしい。この手の物語はいつも現代が舞台になってしまいがちだが、あえて原作同様の時代設定にしたら面白いと思う。

ショーケンは文芸ものと相性がいいので、これまたけっこう期待したりして。

2009／12／2

ショーケンの映画はいつ公開されるのか？

続けざまに起こる映画制作の頓挫（Sさん情報によると『朝日のあたる家』の映画自体は撮影されて編集までは終わっている由）が、業界にまだ残っているショーケンタブーでなければよいのだが。CMにだって復帰しているのだから、ありえないとは思っている。

「もしかして役者が嫌がるんじゃない？　ショーケンとの共演」

冗談っぽく言う友人もいる。

思い出した。謹慎前、ちょうどインディーズ映画の上映会に足しげく通っていたころのことだ。打ち上げには役者さんも参加する。ショーケンが話題になった。若手の女優さんが言った。「ショーケンと共演した知り合いの役者が言ってました。現場がしっちゃかめっちゃかになったって」

ある役者さんにインタビューしたときのこと。『瀬降り物語』に出演したというので、ショーケンの印象を尋ねたらまず最初に「怖かったよ」。もちろん、その方、もろ世代だから、ショーケンを否定しているわけではない。

「怖いですか？　やっぱり」

笑うしかなかった。

「トーク&ミニライブ　ANGEL or DEVIL」で自信を持ったのか、半年後には「トーク&ミニライブ　ANGEL or DEVIL II」を開催した。バックがフルバンドではなかったものの、もうミニライブではなかった。とはいえ、喉の状態を考えたら、音楽活動には限界がある。週刊誌で特集されたときに、「来年（２０１１年）はフルバンドでライブをやりたい」と語っていたが、あくまでも役者稼業があってこその活動だと思った。

かつてのライバル（?）ジュリーは今や活動をほぼ音楽だけにシフトしている。ビジュアル的にはかなり恰幅がよくなってしまって、トップスター時代の美青年ぶりを知る者にとって、少々残念ではあるのだが、声量はまったくというほど変わっていない。歌手はこうでなくては。

僕はある時期からショーケンを役者とか歌手を超越した存在だと認識するようになった。真の意味でアーティストなのではないかと。

ただし、喉の状態が悪くなって（いわゆる声の裏返りが頻繁に見られるようになって）からは、歌うことによる表現（パフォーマンス）は期待しなくなった。もしかすると演技だってあの声だとどうなるかわからない。最悪の事態も頭をよぎったが、謹慎が奏功して極端な裏返りはなくなった。もちろん、毎日の手入れは今も欠かさないだろう。だからこそライブによって喉を酷使してもらいたくない。今の喉の調子を演技の方で有効活用してもらいたい。そう願っているのだ。

ちなみに声の裏返りは昔からのショーケン節のひとつ。その裏返りが頻繁になって、元に戻らないのが問題だった。

年が明けても、映画の話に進展がない。サントリー関連のCMでしか姿が見られないのはさびしかった。

映画がダメならTVドラマはどうなのか。ゲスト出演とか。いわゆるショー的な番組には出演しているのに、ドラマに登場しないのはやはり何か理由があるのだろうか。

２０１１年上期に映画が公開されて、下期にフルバンドによるライブ開催。なんてことを想像していたのだが、叶わなかった。

９月のライブツアーの情報を入手したときは、そんなわけで、これまでのような感激はなかった。

いや、ライブが観られるのはうれしい。うれしいけれど……とても複雑な気分で。

２０１１／10／３

萩原健一映画祭at銀座シネパトス

2011/12/13
『約束』/『ザ・テンプターズ　涙のあとに微笑みを』

ついに始まった「萩原健一映画祭」。ショーケン主演の映画を二本立てで順次上映していく。

銀座シネパトスなら有楽町駅からも歩いて行ける距離だ。テンプターズ時代からショーケンのファンだと広言しているというのに、未見の映画がいくつかある。いい機会だからすべての映画を観てやろうじゃないか。なんて意気込んでいたのだが、最終回一本めの上映開始時間が17時台とか18時台。退社後駆けつけるとなると間に合いそうにない。

ということで、最初の『約束』&『ザ・テンプターズ　涙のあとに微笑みを』のカップリング、『約束』は諦めた。まあ、一度劇場で鑑賞しているし。最終回ラスト1本だけの鑑賞だと800円の割引になる（通常は1300円）から、まあいいかと自分にいいきかせて。

13日（火）、有楽町駅を降りて、まっすぐ伊東屋へ。来年の手帳を買ってから、シネパトスに向かった。窓口でチケットを購入。

窓口の人に確認する。「中に入っていてもいいですか?」

『約束』が終了するまでロビーで待っていようと思ってのこと。

「どうぞ、別に映画観ても大丈夫ですよ」

えっ？ 1本の鑑賞だから800円に割引されたのではないか。

「前の映画が上映後20分過ぎたら、別にかまわないんですよ」

そうなんだ。文芸坐はきっちりと区分していると思うけど。

ラッキーってんで、中に入った。最初は真っ暗でスクリーン以外は何も見えない。目が慣れてくると、どこが空席かがわかり目当てのところに座る。こんなこと久しくやっていなかった。途中入場なんて、いつ以来だろうか？ 十代のころを思い出した。高校時代、地元の映画館をこんな形で利用していたのだ。

『約束』は、ちょうど、帰りの列車のシークエンス。刑務所前の屋台のラーメンはやはりうまそうだった（なので、映画館を出てから、有楽町駅近くの喜多方ラーメン食べました！）。

今回、気がついたが、ラーメンをしっかり食べるのは南美江（今年亡くなった。合掌）だけで、岸恵子もショーケンも口にすらしない。南美江はオヤジにラーメン代を支払うが、あれは岸恵子との二人分なのか？

さて、目当ての『ザ・テンプターズ 涙のあとに微笑みを』。

実をいうとGS映画を観たことがない。GS映画というとタイガースやスパイダースが有名だが、別に金だしてまで観たいとは思わなかった。テンプターズも同様。じゃあお前が観たがっている『進め！　ジャガーズ　敵前上陸』はどうなんだと言われたら、脚本が小林信彦、監督が前田陽一だからにほかならない。

１９７０年代、天地真理、新御三家、花の中三トリオ等々、アイドル映画が量産された。歌謡曲、特にアイドルを嫌悪していた僕は当然その手の映画をバカにしていた。そんなアイドル映画の先駆となったのがＧＳ映画だから興味がなかった。テンプターズ時代からのショーケンファンといっても、アイドル時代のショーケンを観たいとは思わない。そんな感覚。

旧い映画プリントなので、退色して全体的に赤味がかった色になってしまっている不満はあるものの、これがなかなかオツだった。

もちろんストーリーは他愛ないものだ。

高校生のショーケン（!!）が、クラスメートやバイト先の仲間たちとバンドを結成するドタバタ騒動に母親（新珠三千代）の再婚話が絡む。クラスメートが高久昇、バイト先の仲間が田中俊夫、大口広司、松崎由治。

脚本が池田一朗なので少々驚いた。後の作家、隆慶一郎だ。

小学生のとき、トッポが脱退したことでタイガースへの興味を失い、テンプターズファンになった。今から思うと正しくない。テンプターズのショーケンファンになったのだ。なぜなら、ショーケン以外のメンバーの顔と名前が一致しなかったのだから。後年、大口広司はDONJUAN ROCK'N ROLL BANDの一員だったり、俳優になったりして認識できるようになったが、あとはまったくダメ。

どうにも解せないのは松崎由治である。タイガースではヴォーカルのジュリーよりギターを弾きながら「花の首飾り」を歌うトッポに夢中になり、「青い鳥」を作詞作曲した（ギターの）タローを注目したりしていた。

だったら、ギターを弾き、「神様お願い」の作詞作曲、「おかあさん」の作曲等、テンプターズのオリジナル曲を数多く手がけたリーダーに注目しないわけがないのだ。まあ、当時は松崎由治がメンバーであることも知りはしなかったのだからしかたないか。そのくらいショーケン以外のメンバーには興味がなかった。

そんなわけで、この映画で高久昇と田中俊夫の区別がついたのである。めでたしめでたし。

それから演奏シーン（やはりGS映画の魅力はこれだろう）で高久昇のベースの弾き方に注目した。そして松崎由治のギター。とはいっても撮影では実際に音なんてだしていないだろうから、あまり参考にはならないか。

高久昇と松崎由治は役者としてもなかなかいい味だしていた。特に松崎由治の方は、役者に転向していたら若大将シリーズの江原達怡のような存在になっていたかもしれない。容貌は斉藤洋介っぽいし。

母親役の新珠三千代のほかに、山岡久乃、横山道代、名古屋章、大泉滉が脇を固める。高久昇の父親で新珠三千代やショーケンたちが働くスーパーマーケットの社長を演じた役者は、TVの時代劇等でよく拝見する役者さん。須賀不二男だった。ヒロインは聖ミカ。まさに60年代後期のアイドルといった感じ。とてもかわゆい！

神様役で堺正章がゲスト出演している。テンプターズがスパイダースの事務所の後輩だからだろう。

テンプターズのCDが欲しくなった。

２０１１／12／18

『化石の森』／『雨のアムステルダム』

第一弾のプログラム、『約束』は一度劇場鑑賞しているから途中から観てもかまわなかった。しかし、今回、最終上映は『雨のアムステルダム』『化石の森』の順。両作品ともビデオでしか観たことがないのだが、自分の中のメインは『雨のアムステルダム』だ。冒頭のタイトルバックのメインテーマ（音楽・井上堯之）は必聴だろう。

上映場所が変わっていた。シネパトスはスクリーンが３つある。前回は「１」の、いかにも場末の映画館といったところで縦に長くキャパも大きい、今回の「３」はこぢんまりしているものの場末のイメージはない。いや、あるか。

この映画祭は定期的に（一週間おきにとか）会場が移動するのだろうか。だとすると、ロビーに貼りだされたショーケンに関する記事類（インタビュー等々）、雑誌表紙、CDやDVD、プログラム等の移動も大変だなぁと余計な心配をしてしまう。

『化石の森』の途中から入り、『雨のアムステルダム』をきちんと観て、『化石の森』の途中で出る。こんなことも高校時代は当たり前にやっていたんだと感慨にふける。

今、封切館では途中で退場することはできても途中から入場することはできない。座席の完全予約または整理券による番号順入場になっているからだ。

シネコンに対してあれこれ文句をいう映画ファンは多い。個人的には、感謝している。大ヒット映画にいい席を求めて1時間以上前から並ぶ必要がなくなった。レイトショーがあって、退社後にゆっくりと、低料金で観られるようになった。この2点において。

途中入場ができなくなったこと、外部からの飲食の持ち込みができなくなったことは不便きわまりないのだが。それから一週間単位（だと思う）で上映時間が変わってしまうのもなんとかならないものか。まあ、そういうフレキシブルな対応ができるのが劇場側のメリットなのだろう。

とにかく、「銀座シネパトス」は、一部封切館ではあるものの、劇場の雰囲気は限りなく名画座だ。昔は銀座地球座という名称だった。地球座というと思い出すのが恵比寿地球座。谷ナオミ主演のＳＭ映画（日活ロマンポルノ）三本立てを観た名画座として記憶にある。なんて話はどうでもよくて――。

『化石の森』は10年以上前にビデオで観た。近くのビデオレンタル店にあったのであわてて借りてきたのだ。幻のショーケン映画だったし、篠田正浩監督ということでわくわくしながら観ていたのだが、深刻で救いがなくて観終わって落ち込んだ。以後ある意味封印してしまった。

思い出したのはTVドラマ『外科医柊又三郎』の初回にチャンネルを合わせたときだった。あのインターンが医者になった現在が柊又三郎なのか？　しかし映画『化石の森』について覚えているのは〈暗くて重い〉ということだけ。

まさか殺人を犯していたなんて！

初めてスクリーンで観て感動があった。ビデオの印象が払拭できた。

この映画はある種の日活ロマンポルノだ。濡れ場シーンにけっこう反応したのだから。

その前に――。ショーケンって東京映画と縁があることがわかった。

『ザ・テンプターズ　涙のあとに微笑みを』が東京映画だった。『化石の森』もそう。『青春の蹉跌』がそうだったではないか！

高校時代に「キネマ旬報」を購読することになってわかったことだが、映画産業が斜陽といわれた時代、東宝はいくつか製作会社を傘下にしていた。ゴジラ映画を製作した東宝映像。その他、東宝映画、芸苑社、そして東京映画。「キネマ旬報」の邦画各社の製作状況を知らせるページでわかったことだ。

東映だったら、京都撮影所と東京撮影所に分かれていた。

――二宮さよ子の裸体、濡れ場に欲情。あの子どもの母親（八木昌子）にも。いや、こちらの方がきたかも。

ホラー映画でもある。杉村春子に背筋が寒くなった。

武満徹の音楽は不気味だった。

すっかり忘れていたのだが（というか認識していなかったのかもしれない）、岸田森が新興宗教の神父（?）でショーケンに絡む。スキンヘッドなので思った。映画の公開は1973年、『傷だらけの天使』の放映は74年。ということは、辰巳がかつらをはずして坊主頭をみせる時期とそれほど違いはない。だったら『傷だらけの天使』撮影前に岸田森があの頭だったってこと知っていたのではないか、ショーケンは。

冒頭のキャストクレジットで桂木美加の名前を発見。『帰ってきたウルトラマン』の丘隊員だ。どこに出てくるか、スクリーンを注視していたがわからなかった（たぶん、理容室で働く女性の一人だと思う）。


『雨のアムステルダム』のビデオを観た経緯は以前書いた。

ビデオ鑑賞のときは、70年代の映画という印象が強かった。なので今回ドラマを楽しむより劇場で井上堯之の音楽に触れるという意味合いが大きい。

脚本・山田信夫、共演が岸恵子、三國連太郎というと、どうしても『約束』を思い出してしまう。そういえば『化石の森』も山田信夫が書いているのだ。

ちなみに、監督は蔵原惟繕。蔵原監督というと一般的には『南極物語』なのだろうが、僕はどうしても『陽は沈み陽は昇る』のイメージが強い。映画は観ていないのだが。

撮影が岡崎宏三。『化石の森』もそうだ。名前は『ねむの木の詩』で知った。僕にとって、岡崎宏三、姫田真佐久、長谷川清、仙元誠三が70年代の名キャメラマンである。

ヨーロッパロケを売りにした日本映画は何本もあるが、概して評判はよくない。市川崑監督が浅丘ルリ子とルノー・ヴェルレー(『個人教授』!)の共演で撮った『愛ふたたび』は完全に忘れ去られてる。かつてのライバル、ジュリーにもパリを舞台にフランス女優を相手役に『パリの哀愁』という主演映画があるが、こちらもまたしかり。

『雨のアムステルダム』が、もし、当時、地元太田の映画館では公開されていたら(当然、東京より半年遅れて来るのだが)、ショーケン主演ということで、絶対足を運んでいたと思う。しかし、見逃してからは(地元で公開されたのかどうか不明)、映画自体当時の他の作品に比べあまり語られることがないので、やはりアムステルダムロケだけが売りの映画なのだろうと考えていたフシがある。

『青春の蹉跌』で、まず音楽に琴線が触れたのだったら、『雨のアムステルダム』では〈音楽・井上堯之〉のクレジットに反応すべきだった。

中学時代、音楽に惹かれて洋画を観ていたところがある。サントラレコードを買い集めるのを友だちと競ったものだった。なぜ『青春の蹉跌』でサントラアルバムを購入しなかったのか。『雨のアムステルダム』の音楽に注目しなかったのか。

まあ、今となっては理由もわからないことをあれこれ言っても仕方ない。

それにしても――。

『化石の森』にしろ『雨のアムステルダム』にしろ、映画は映画館で観るもの、ということを再認識させてくれた。ビデオで鑑賞したときより数倍面白かったのだから。これはいったいどういうことか。暗闇に身を沈めてスクリーンと対峙するからだろうか。余計な雑念に集中力を遮断されないからか。

『化石の森』の主人公は、マカロニがインターンになったようなイメージがある。対して『雨のアムステルダム』はまんま小暮修が弱小商社の商社マンになってオランダに駐在していると思えばいい。修ちゃんよりインテリだけど。

ファンゆえの贔屓ととられてもしかたないけれど、ショーケンと岸恵子のカップルだと、異国情緒も様になっている。

紙袋にくだものを入れて街を歩くシーン、スクリーンだとまた格別だ。70年代は食料品の買物には紙袋が当たり前だった。中身がいっぱいの紙袋を女性が両手で抱えて歩く。それが絵になっていた。80年代になると、ビニール袋が主流になってしまって、映画（映像）的には残念でならない。電話ボックスで電話するショットも同様かも。

岸恵子を救うため、ショーケンは西ドイツ（だったか？）の鉄鋼王の相手をつとめることになる。三國連太郎が日本の有名商社と鉄鋼王との契約をまとめるためにそのつもりで現場に連れて行くわけだ。案の定、鉄鋼王はショーケンを見初める。ビデオのときも今回もどうにもここがひっかかってしまう。

ショーケンってその手の男にモテるタイプには思えないからだ。テンプターズ時代ならまだしも。ジュリーだったら納得できるのだが。三國連太郎の部下を演じた松橋登の方がタイプではないか？

ラスト、自分たちが殺されるとわかっていて逃避行をはかるショーケンと岸恵子。とある一軒家に潜伏して朝を迎える。

ビデオでは岸恵子が殺されて、あわててショーケンが逃げ出したと思っていた。違った。（殺されるのが）怖くなったショーケンは岸恵子を一人部屋に置いて逃げ出したのだ。そんな卑怯な男もショーケンらしくてステキだ。やはりこの映画は音楽とラストで語られるべき映画だと思う。

２０１１／12／29　『竜馬を斬った男』／『離婚しない女』

『竜馬を斬った男』は封切時に劇場で観ている。パンフレットも買った。が、鬱のため仕事をせず、かみサンに食わせてもらっていた時期だ。そんな状況で昼間映画観ているなんて知られると騒動になる。そう判断して、帰宅前に近所の行きつけの喫茶店のママに預けたのだった。いつもお昼を食べていた店だ。中野区南台のアパートに住んでいたころの話。

そのうち返してもらおうと思っていたものの、すっかり忘れて埼玉に引っ越ししてしまった。後でゆっくりじっくり読もうと考えていたので、ほとんど目を通していない。そのパンフレットがシネパトスで売られていた。買うべきか否か……。

この映画については、当初、柳町光男監督とショーケンのコンビに期待していた。『さらば愛しき大地』の衝撃を与えるような時代劇を。『さらば愛しき大地』は観ていないのだけれど。

山下耕作監督になって、がっかりしたことを覚えている。山下監督が東映時代劇（任俠劇）を支えた名匠であることは理解していた。でも当時（87年）ショーケン主演の時代劇なら新鋭監督でないと意味がないと思ったのだ。ショーケンの事務所、アルマンス企画の映画なのだから。『日本映画［監督・俳優］論』を読んで、この交代劇の真相を知り納得できた。柳町監督に西岡善信を否定されたらそりゃショーケンは西岡さんをとりますよ。

そうそう、映像京都って、もう解散しているんですね。全然知らなかった。

今回、久しぶりにスクリーンで対面して、山下監督の映像設計を堪能させてもらった。前述の本で、この映画が不発だったことについて、自分が竜馬を（根津甚八が又三郎を）演じたら、状況は変わっていたかもしれないと語っている。果たしてそうだったろうか。ショーケンの竜馬なんて見たくない。かつて人斬り以蔵を演じたんだ。やはり又三郎の狂気をスクリーンで浴びたいじゃないか。

『離婚しない女』は05年にシネマアートン下北沢で初めて観た。今回もあのときと感想は変わらない。

ひとつだけ。この映画、撮影期間が二つに分かれているのではないか。ショーケンのへアスタイルが微妙に違うのだ。

2012／1／4　『渋滞』／『八つ墓村』

『渋滞』は封切時に劇場で観ている。

当時の日記（91年5月13日）にこう書いた。

＊

シネマアルゴ新宿で『渋滞』を観る。

監督・黒土三男、主演・萩原健一。

ショーケンらしい演技を堪能できる映画だった。

ショーケンの〈かまえた演技〉というものがどうも好きになれない。

〈渋さ〉などと表現する人がたまにいるが冗談ではない、ショーケンに渋さなど似合うはずがない。

以前、NHKで放送されたショーケン主演のドラマ『旅のはじまり』（脚本・黒土三男）に相通じる主題を持つロードムービー。

確かに、そんなバカなと叫びたくなるシークエンス（たとえば、年末に千葉から四国に自家用車で帰省するというのに、のん気に早朝出発したり、浜松あたりで予約もなしに旅館に泊まろうとしたり）もあるが、きちんと計算された映像作り、心地よい音楽、そして静かな感動……。

面白い映画だ。

＊

『瀬降り物語』で渋いショーケン（の良さ）を再認識したので、〈ショーケンに渋さなど似合うはずがない〉は撤回。また、浜松は沼津の間違い。それ以外は今も同じ感想だ。

とはいえ、やはり〈そんなバカなと叫びたくなる〉ことには言及しておく必要がある。

少し前に現在のドラマ（映画）のシナリオの質が落ちていることを書いた。『家政婦のミタ』の、あまりに見えすいた展開を批判したのだが、『ステキな金縛り』ではがっかりした箇所にも触れた。面白くて楽しい映画だけれど肝心要のところで手を抜いていると。

20年前のこの映画にも同じことがいえるのだ。

主人公夫婦が何の対応もせずに年末に自家用車で四国へ帰省する、東名高速の渋滞に嫌気が差して降りるとあっけらかんと（予約なしで）温泉旅館に泊まろうとする。これはあまりにもひどすぎる。奥さんの実家がある山梨や長野に帰省するんじゃない。四国だ、四国。だったら、当然帰省ラッシュを考慮して、真夜中に出発するくらいの慎重さがなければ絶対におかしいって。

東名が渋滞になるころには××まで行っているから、問題ないだろうと思っていたら、首都高で大事故が起きて大渋滞、予定が大幅に狂ってしまった、くらいの設定があってほしい。でないと、この夫婦（ショーケン&黒木瞳）は大馬鹿ですよ。

つまり、映画は肝である渋滞に巻き込まれた夫婦の顚末を描くために、なぜそうなったかの部分を「年末にクルマで帰省したら渋滞に巻き込まれました」ですませてしまう。それじゃ観客は納得できない。

1991年当時、もう盆や正月の帰省ラッシュは大きなニュースになっていた。だったら、渋滞に巻き込まれるまでをもう少し知恵を絞って描いてほしいじゃないか。渋滞にはまった夫婦の苦労に共感できないと意味がないのだから。

温泉旅館のくだりも何かしらエクスキューズが必要だろう。こんな時期に予約なしで泊まれる旅館なんてあるのと心配する黒木瞳に、それがあるんだとほくそ笑むショーケン。仕事の関係で知った穴場（？）なのだが、行ってみると、なんとわけありで休業中、なんていうのならまだわかるのだが。最悪、町の観光案内所にかけこむか、電話するだろう。

それから、渋滞に巻き込まれてからというもの、この夫婦はよく喧嘩する。喧嘩というか、ショーケンが黒木瞳に怒ってばかりいるのだが、完全に自分勝手の言い分なので、これまたショーケンに共感できない。

なんて前半の展開に文句をつけながらも、夫婦や親子の絆に惹かれていく自分がいる。

故郷で待つ両親の気持ちを考えるとたまらなくなる。久しぶりに息子に会える母親（東恵美子）の喜びとか、寡黙に帰りを待っている父親（岡田英二）の姿とか。涙がでてくる。

寒ブリの刺身のなんと美味そうなことか！

ケニー・Gのソプラノサックスに耳を洗われる。一枚CDを購入したのは、この映画の影響だったのか？

ショーケンのごくごく普通のお父さんが良い。あの襟なしジャンパーなんてよくぞ着たもんだ。かっこいいファッションではないのに、でもどことなくなんとなくいいなあと思えるから不思議。

この普通のお父さんイメージはTVドラマ『課長さんの厄年』『冠婚葬祭部長』と共通するものがある、と思ったら、『課長さんの厄年』の放送は映画公開の2年後なのだった。自分の中では同時期になっていた。

ショーケンの映画を続けて観るとよくわかる。必ず共演女優との濡れ場があるのだ！この映画でも黒木瞳と安旅館の階段で抱き合うのだけれど、黒木瞳の、ショーケンの腰あたりから左右に突き出る素足の動きに欲情した。外出時のちょっとおめかしした黒い服（スーツ？）にも。

黒土監督の『蝉しぐれ』への想いがわかるショットがこの映画にある。

黒木瞳と喧嘩して、旅館を出たショーケンが立ち寄るスナック。客がいない店内ではママ（かたせ梨乃）が一人で本を読んでいる。その本が単行本の『蝉しぐれ』（文藝春秋）なのだ。カウンターの上に置かれた本のインサートは、黒土監督の映画化宣言ではないか。

クレジットの、岡田裕（ニュー・センチュリー・プロデューサーズ）に複雑な思い。もう二度とショーケンの映画をプロデュースすることはないのだろうか。

『八つ墓村』はリアルタイムで観ていない。

市川崑監督、石坂浩二主演の『犬神家の一族』のあとでは、渥美清が金田一耕助に扮する、それも現代を舞台にした映画なんて興味がわかなかった。ショーケンが主演なのに。

映画は大ヒットした。「たたりじゃー」のスポットCMは話題を呼び、その年の流行語になったのだ。

観たのはずいぶん経ってからのTV放映で。

そのときの感想を「君よ『犬神家の一族』のリメイクをどう思う?」でこう書いた。

市川崑監督の『犬神家の一族』が登場するまで、金田一シリーズの映画化作品はみな現代(製作当時の)を舞台にしていることをとりあげてこう続けた。

＊

野村芳太郎監督の『八つ墓村』も舞台は現代だった。金田一にはあっと驚く渥美清が扮していて、秘境探検隊(?)みたいな衣装はそれなりにはまっていたとは思う。

32人殺しの殺人鬼に扮した山崎努の異様なコスチュームと鬼気迫る演技、TVスポットで使用された「たたりじゃー」のフレーズは大ブームを巻き起こした。

実はこの映画、事件の重要な鍵を握る青年に扮したショーケンが真の主役だというのに公開時に見逃した。後年、ＴＶで観たのだが、私にとっては「？」がいくつも並んでしまうシロモノだった。

陰惨で凄惨なおどろおどろしい物語を、そっくりそのまま映像に移し変えたオカルト風ドラマ。ズームイン、ズームアウトを多用して落ち着きのないカメラワーク。一応ミステリという体裁をとっているけれど、根本的な要因は本当に祟りだったとする結末。そんな物語を感動作にしようとする全体の作り。どれもこれも違和感ばかりを覚える映画だったのだ。

会社としては『砂の器』的な作品を期待していたのだろうか。

＊

今回、初めてスクリーンで対面して、基本的にこのときの感想とかわらないものの、考え直すこともあった。

ところで、〈秘境探検隊（？）みたいな衣装〉は完全なる勘違い。麻のシャツ、ズボン、麦わら帽子というファッションだった。

冒頭のスタッフクレジットに改めて驚いた。監督・野村芳太郎、脚本・橋本忍、撮影・川又昂、音楽・芥川也寸志。主要スタッフがまんま『砂の器』ではないか。

まあ、野村監督の場合、松本清張原作のミステリではどの作品も橋本忍が脚本を書いている。『張り込み』『ゼロの焦点』『影の車』。もしやと思って調べてみたら、『影の車』の主要スタッフは『砂の器』と同じだった。

『砂の器』がそうだったように、『八つ墓村』でも橋本忍は原作へのアプローチを変えたのだろう。

ミステリというよりは、原作のオカルト風味、怪奇色を前面に押し出した。ある意味金田一探偵が登場しなくても成り立つストーリーなのだ。

ゆえに謎解きの面白さより、現代における地方の因習、呪われた伝説をセンセーショナルに描くことを主目的にし、因習、伝説に翻弄される人たちの悲しみを謳いあげた。

考えてみれば、金田一探偵が登場しない、金田一ものを原作としたTV映画を僕は小学生時代に観ているのだ。

日本テレビ系で『火曜日の女』という、5、6回でドラマが完結するシリーズがあった。その一つ『いとこ同志』の原作は「三つ首塔」である。悠木千帆を名乗っていた樹木希林がレギュラーの一人で、怪しいキャラクターだったのを覚えている。真犯人は誰か、それが気になって毎週夢中になって観ていた。調べてみると、島田陽子がヒロインだった。というと、『光る海』の前か。

ほかにも「犬神家の一族」を原作にした『蒼いけものたち』、「悪魔の手毬唄」が原作の『おんな友だち』がある。この2作も観ているはずなのだが記憶にない。

同時期だろうか、少年マガジンに連載されているマンガとして『八つ墓村』がインプットされた。漫画家は影丸譲也。

1970年代はじめ、たぶんこの手のTV映画やマンガも手伝って、横溝正史のミステリが再評価されてきた。角川書店が文庫で復刊すると売れ行きもいい。

当時の社長、角川春樹は松竹で進められている『八つ墓村』の封切に合わせて、横溝正史フェアの開催を企画。ところが映画が完成しない。業を煮やした角川春樹は、自身で映画製作会社の角川春樹事務所を設立、市川崑監督による『犬神家の一族』に着手する。封切られるや、大ブームを呼んだわけだ。

もし、当初の予定どおりに『八つ墓村』が公開されていたら、現代を舞台にした作劇も、渥美清の金田一も受け入れていたのかもしれない。原作を読んだことがないのだから。

それにしても残虐描写は生半可なものではない。落武者が村人に惨殺されるシーン、要蔵（山崎努！）の32人殺しシーン。今見ると失笑してしまうショットもあるが、よくぞR指定を受けなかったものだ。ま、当時は18禁しかなかったのだが。

個人的には葬式のシーンに山陰地方の様式を知る思いがした。何より鍾乳洞の撮影が見ごたえあった。

山の上から、八つ墓村を見下ろすシーンで、小川真由美のスカートが風でゆらめくカットがある。スリットの入ったロングタイプなのだが、ゆれて太ももが何度か見える。実になんとも色っぽかった。

肝心のショーケン。なぜこの映画に出演したのかとずっと疑問だった。前述の本によれば渥美清と共演したかったとその理由を語っていたような。とはいえ、ショーケンが主人公の辰弥を演じる必要性があまり感じられない。が、後半、黒いシャツと茶のコーデュロイパンツになってから、ドラマに溶け込んだような気がする。

最後まで違和感あったのはカメラワークだ。ロケーションにおけるズームアップ、ズームバックが安っぽかった。特にラスト、炎上する多治見家を見下ろすところで、まず、現代の人たち、続いて落武者たちになるつなぎにがっかりするのだ。TV放映時もそうだったが、今回も同じ。室内は重厚な撮影のに。前述のように鍾乳洞も。

出演者をみていると、どうしても『男はつらいよ』を思い浮かべてしまう。3代目おいちゃん、下条正巳が下條アトムと親子共演しているし、落武者の一人は佐藤蛾次郎だ。岡本茉莉も村人の一人で顔を見せる。エンディングのタイトルロールで吉岡秀隆の名前があった。いったいどこに出ていたのか。ああ、少年時代のショーケン役か。

落武者といえば、大将が夏八木勲のほか、田中邦衛、稲葉義男が顔をそろえる。山の上に並ぶ八人の姿は、まるでネガティブな『七人の侍』……。

最初の犠牲者は加藤嘉。まんま『砂の器』で笑いそうになってしまった。村人の一人、加藤健一は、『砂の器』では、亀嵩で駐在所の警官だった。丹波哲郎に「君は訛ってないね」といわれていたっけ。

エンディングロールにおける〈監督　野村芳太郎〉の扱いが、まるでその他の技師（撮影、照明、録音等々）と同じなのでまたまた驚く。開巻のクレジットできちんと紹介されているからか。

2012／1／6

『誘拐報道』

最初、シネパトス「1」で始まった「萩原健一映画祭」は、すぐにシネパトス「3」に移動になった。『約束』＆『涙のあとに微笑みを』はガラガラでしたからね。まあ、僕が行った日の最終回だけで判断するのも無謀だけれど。

それで、小さい「3」になったのかも。キャパ的にはちょうどいいのだろうと、このまま最後までいくのかと思っていたら、『渋滞』＆『八つ墓村』では「2」に変わっていた。

僕の中では「2」がシネパトスのメインホールだ。やはり大ヒットしたメジャー映画の扱いは違うと感心したのだが、『誘拐報道』初日に行くと、また「1」に戻っている。30年ぶりの上映ということで一番大きい小屋（たぶん）を用意したわけか。常時上映のプログラムは『青春の蹉跌』＆『アフリカの光』だし。

この日は、地元シネコンで『ワイルド7』を観ようとしていた。『M:I GP』はまだ当分上映しているだろうとの判断。しばらくして『誘拐報道』の初日であることに気がついた。どれにしようか迷っていると、シネリーブル池袋の『宇宙人ポール』の夜の上映が最後だとわかる。

いったいどうしたらいいんだ！　悩んだ末、サプライズを期待して『誘拐報道』にした。

油断していた。いくら30年ぶりの上映とはいえ（名画座で上映されているとは思うが）、これまで同様、ある程度のお客さんしか集まらないだろうと踏んでいた。だから、有楽町駅に着いてから、20時にはまだ時間があるということで、教文館等の書店で時間をつぶして「ちょっと早いかなぁ」と思いながらも30分前に伺ったわけだ。チケットを購入すると整理券（NO．79）を渡された。そこで気がついた。「2」から「3」につながる通路に長い列ができていることを。

開場になると、ロビーに人があふれた。席もほとんどが埋まった。そうなると不思議なもので、『涙のあとに微笑みを』のときには場末の映画館に思えた場所が、ちょっと設備のいい名画座に見えてきた。調子がいいなぁと自分でも思う。

上映前に伊藤俊也監督の挨拶があった。やはりサプライズはあったのだ！　自分の勘は衰えてはいない、なんてね。

実は伊藤監督、プロデューサーのお二人とチケットを購入して列に並んでいたという。そのあと支配人に紹介されて、急遽上映前の挨拶が決まったとか。でも、なぜ最初からトークショーが企画されなかったのか。いつもなら樋口尚文とのトークショーがセッティングされるのに。まあ、いいや。

僕自身、30年ぶりの『誘拐報道』だ。いや、TVで観ているか？　とにかく劇場では封切以来のことである。

1982年、ちょうど会社訪問のころ（当時は10月1日が会社訪問の解禁日）に観ている。確か、某CM制作会社を訪問して、帰り際に渡された交通費をそのまま入場料にあてたのではなかったか。当時の日記をあたってみた。

『誘拐報道』を渋谷パンテオンで観る。

ショーケンが久々に熱演しているときいて期待していたのだが、小柳ルミ子の方が良かった。しかし、少しばかりあの頃のショーケンにもどりつつあるようだ。

そっけない感想だ。

思い出した。『誘拐報道』の前に『魔性の夏　～四谷怪談より』があって、その前が『影武者』。『影武者』ではショーケンの演技が酷評され（曰く何を言っているのかわからない！）、『魔性の夏　～四谷怪談より』は映画自体の評判が悪かった。2作とも劇場に足を運ばなかった。そんな作品のあとだったので、久しぶりにショーケンが褒められていると期待してみたら、ショーケン以上に小柳ルミ子が良かった。それでムクれているのか。僕自身、電話のシーンの演技はちょっとやりすぎじゃないかと思ったことを覚えている。

そういう意味では、年月が経ってからもう一度観ることができてとても良かったと思う。まっさらな気持ちで鑑賞して、ショーケンの役者としての力量を思い知らされたからだ。

１９８０年に起きた「宝塚市学童誘拐事件」を題材にした映画である。

読売新聞大阪本社社会部に黒田清という辣腕記者がいて、この方をリーダーとする取材班による誘拐事件の顚末が新聞に連載された。連載を一冊にまとめたのが『誘拐報道』（新潮社）だ。

映画は、このルポルタージュを原作とするが、伊藤監督は映画化にあたって、誘拐犯とその家族、及び息子を誘拐されて打ちひしがれる被害者の様子を詳細に描いた（脚本・松田寛夫）。

ショーケン演じる誘拐犯の鬼気迫る演技、ちょっとくたびれた妻役の小柳ルミ子の演技が賞賛され、映画は数々の賞を受賞した。映画オリジナルの部分が評価され、逆に新聞記者たちのエピソードがステレオタイプだと批判された。誘拐犯と被害者（と警察）だけで成り立つ映画ともいえるのだが、原作が『誘拐報道』だからいたしかたない。

ちなみに、黒田清はフリーになってからTVのワイドショー等のコメンテーターとしてよく見るようなった。ますます活躍するのだろうと思っていたら癌で急死。訃報はショックだった。

前半はまさに一作めの『ゴジラ』あるいは『ジョーズ』のようだ。なかなかショーケンが登場しない。誘拐犯の手や足、身体の一部を映すのみ。ここらへんはまだ三波伸介をリーダーとする記者グループを通した事件のプロローグというわけだ。丹波哲郎がカラオケで歌う「ダンシング・オールナイト」が笑える。ダンシング・オールナイトの「グ」をちゃんと発音して歌うのが「グ〜！」だ。

キャメラの焦点が犯人にあってからはショーケンが主役になる。誘拐した子どもを処分しようと郷里の町（丹後）を彷徨うシーンは、凍てついた冬の風景が印象的。雪の降り方とか海面の波のうねりとか、誘拐犯の心象風景になっている。

防寒コート（ウィンドブレーカー？）に身を包みフードを被って長靴をはいたショーケンが絵になる。別にファッショナブルな恰好ではないのだけれど。

普段着姿の小柳ルミ子、ジーパン姿に色気を感じる。久しぶりに亭主のショーケンが帰ってきたあとの、キッチンでの夫婦喧嘩はワンカット撮影だったのか。ひとり、鏡を見ながら胸に手をやりタメ息をつくシーン。ゾクゾクきた。

誘拐犯の家族を描きながら、切羽詰まった経済事情を観客に想像させる方法が巧い。

建売（だと思う）の小さな一戸建てと私立の学校は不似合だ。郷里の友人（湯原昌幸！）が言う言葉「（ショーケンが運転する乗用車に対して）おお、××（車種）のバンは珍しい」高級車なのか。

２００万円の手形を持って現れる借金取り。小柳ルミ子が（亭主が）手形を渡した相手、喫茶店オーナーの中尾彬を訪ねる。いかにも好色そうな悪人顔だ。交わす会話で喫茶店がもともとショーケンのものだとわかる。

小柳ルミ子が中尾彬に言い寄られるシーンの直後、ショーケンが郷里の海岸で同級生のさせ子と出会い、カーセックスに興じるはめになるシーンが続く。させ子役は池波志乃。中尾彬にしろ、池波志乃にしろ、どんぴしゃりのキャスティングで「まったく夫婦して」と笑ってしまった。

記者役の三波伸介はしっかり記憶していたが、刑事役で伊東四朗が出演していたことはすっかり忘れていた。記者たちが取材の根城にするのが、宝塚の読売新聞販売所。ここの店主がなべおさみ。東京喜劇人に関西弁をしゃべらせるのは狙いなのだろうか。

三波伸介はこの映画公開のあと、12月に急逝してしまう。あまりの突然のことですごくショックだった。52歳。今の僕と同い歳だったのか。

息子を誘拐される親（岡本富士太&秋吉久美子）の演技にも注目させられる。憔悴しきった父親と、憔悴しきって神経がちょっとおかしくなっている母親。一人娘を持つ親としてたまらないものがある。封切時は学生だったので、自分に照らし合わせてなんか観ていなかった。

「うち、お父ちゃん好きや！」の高橋かおりは、この映画で知って以来、女優としての成長を見守っていたところがある。06年の公演「あ・うん」で、脚本・演出の立川志らく扮する門倉の奥さん役で登場したとき、あの子役が人妻役かと感慨深かった。

誘拐される少年は和田求由。下の名前をなんて読むのかわからないが、見覚えがある、と思って調べたら、『恋文』『離婚しない女』に登場する子役だった。

ショーケンの映画で、なぜか自分の中ではあまり重きを置いていなかったところのある『誘拐報道』。再見、それもスクリーンで観ることができたことに感謝する。エンディングロールでは充実感に浸っていた。やっぱ、すげぇや、ショーケン！

上映が終わって、場内が拍手に包まれたことを付け加えておく。

終了後、冒頭の挨拶で伊藤監督がおっしゃっていたように、ロビーでちょっとした質疑応答があった。

『誘拐報道』の上映が終了。ロビーに出ると、伊藤俊也監督とプロデューサー（天野氏、瀬戸氏）が立ち話をしていた。トイレに寄ってから外に出ると、すでに有志の人たちに囲まれた監督（&プロデューサー）が話していた。

話題は映画の中でも重要な意味をもつキッチンでショーケンと小柳ルミ子の言い争うシーンについて。ショーケンの台詞が入らなくて最初は二人の息が合わなかったらしい。

何度かリハーサルを繰り返しているうちに、ショーケンにエンジンがかかった。最終リハーサルなのだが、監督が「本番リハ」（だったか？）と掛け声かけてキャメラ廻してのりハーサル。これがすごく良い出来。監督は「ＯＫ！」と叫んだのだが、記録（女性）が不安そうに尋ねてきた。

「あの～、ショーケンの大阪弁ひどいんですけど」

そんなことはどうでもいい、とこのテイクを使ったそうな。

もうひとつ、誘拐した少年におしっこさせるシーンについて。

伊藤監督はこのシーンを撮影するにあたって、少年のおしっこで雪が黄色くなるところを押さえようとコンテを考えていた。実際に本番になると、ショーケンが少年におしっこをさせているあいだ、しきりに少年の身体をさわりはじめた。あれはショーケンのアドリブで、監督はそのアドリブに圧倒されてしまった。で、黄色くなるアップは必要ないと判断したそうな。

伊藤監督がショーケンを褒め称える。

「あの役はショーケンのために考えたものですから」

「ショーケン以外、演じられないでしょう」

えっ！　そうなの？

そこで初めて質問した。

「もともとあの役は松田優作にオファーされたのに、同じ年頃の娘を持つ親として誘拐犯は演じられないと断られて、ショーケンに話がまわってきたのではないですか？」

伊藤監督は即座に否定した。「そんなことはありませんよ、最初からショーケンを考えていましたから」

「ショーケンさんが上梓した本で語っていますが」

監督は笑って「それはショーケンの……」

「××ですか」

「(三波伸介、伊東四朗、なべおさみ等の）東京喜劇人を起用したのには何か狙いがあるのでしょうか？」

方言のうち、こと関西弁になると世間のチェックがきびしくなる、ような気がする。日本全国方言はかぎりなくあって、代表的な東北弁や九州弁（たとえば熊本弁）は、わりとおおらかな気持ちで聞いているのに。特にネイティブがうるさい。そんな関西弁を、ちゃきちゃきの江戸っ子の三波伸介や伊東四朗にしゃべらせるのだから。

「キャラクターを重視した結果です。彼らに演じてもらいたかった」

キッチンで言い争いをする前の風呂のシーン。久しぶりにショーケンが帰宅して娘（高橋かおり）と風呂に入る。浴槽につかる際、腰まわりに黄色いタオルをまいたまま湯船につかる。これにはがっかりした。自宅の風呂では絶対にありえないからだ。

本来ならタオルは写ってはいけなかった。しかし、何かのミスで写りこんでしまった。とはいえ、雰囲気がとてもよかったので、ありえないのは承知の上でOKカットにしてしまったのではないか。

その件も訊いてみた。伊藤監督、笑っていました。


誘拐犯逮捕のシーンについて。

『誘拐報道』には牛乳瓶の蓋が重要な小道具として登場する。厚紙でできたあの円形のやつだ。映画の冒頭で、その蓋飛ばしゲーム（？）を通じて、誘拐される少年と誘拐犯の娘が親しくなっていく様子が描かれる。人差し指と親指を使って蓋を挟み、押し出すことで飛ばす遊び。誘拐された少年のポケットから牛乳瓶の蓋がいくつも出てくるショットもある。

ショーケンが早朝自家用車を止めて、運転席で牛乳を飲んでいる（アンパンも食べていたか）と、後方からパトカーがやってきて「もはやこれまで」と観念する瞬間、右手で持っていた牛乳瓶の蓋を同じやり方で車外に投げ捨てる。あれは、もともとシナリオに書かれていたのか、それともその場の思いつきなのか。

「シナリオにあったかどうかは忘れたけれど、演出プランとして考えていました」

ショーケンのアドリブじゃなかった。

中尾彬、池波志乃の起用には意図があったのか否か、場面が続いているというところがどうにも気になるのだが、これは質問できなかった。

宅麻伸は『誘拐報道』が映画デビューだったと、伊藤監督の話で知った。ほとんど演技ができず、だから、コンタクトレンズを落としたり、メガネをかけるとスーパーマンに変身したりの演出をつけたんだって。長年のコンタクトレンズ愛用者からすると、両目のコンタクトレンズが同時にはずれて落ちるなんてことは信じられないんですけど。まあいいや。

宅麻伸がスーパーマンに変身したつもりでハミングしながら駆け出すシーン、実は本当にスーパーマンのテーマを口ずさむはずだったが、版権の関係でそれっぽいものにしたんだとか。

『誘拐報道』が長年上映されない、ソフト化もされないのは、版権問題が絡んでいる。僕は喫茶店のシーンで流れる洋楽が関係していると予想したのだが、伊藤監督は言明をさけていた。

最後に流れる主題歌をボーイソプラノにすることは最初から考えていたとのこと。で、詩人の谷川俊太郎に作詞を依頼した。そのときイメージとして見せたのが、トランクを開けると少年が押し込められているラッシュ（だったか？）。「出来上がってきた詞をリテイクさせたんだよね。あの谷川さんにそんなことさせたのは伊藤監督だけじゃない？」とは瀬戸氏の弁。

ラスト、ヘリコプター操縦士でカメオ出演する菅原文太は、会社からの要請だったということ。僕自身、一度映画を観ているのに菅原文太が出演していることをすっかり忘れていて、最初声が聞こえてきたときは、「もしかして？」とびっくり。そのあと顔出しして二度びっくり。声だけの出演の方が面白かった気がする。

2011／1／8

『青春の蹉跌』／『アフリカの光』

ショーケン×神代辰巳監督の代表作二本立て。昔は名画座でこのプログラムがよく組まれていたのだろうなぁ。僕自身は観たことないけれど。あくまでも想像だ。

続けて観ると、違いがよくわかる。

初めて組んだ『青春の蹉跌』は、神代タッチで迫っているとはいえ、まだまだショーケンに遠慮しているところがある。今回初めて気がついたのだが（これまで考えもしなかった）、ショーケンのファッション。あの時代、あんなナウ（！）くて高価そうな服を着る大学生がいたのだろうか。金持ちのボンボンならいざ知らず、ショーケンは苦学生なんだよ。『太陽にほえろ！』のマカロニ刑事、『傷だらけの天使』の修（『雨のアムステルダム』の明）につらなるキャラクターであることがよくわかる。らしくないカメラワークも散見できた。

対して『アフリカの光』は、ショーケンを完全に神代節、神代タッチに取り込んでしまった感がある。

この映画に登場するショーケンはどこまでもかっこ悪い。ファッションだって、ドカジャンに正ちゃん帽、長靴姿。でもこれが実に似合うんだよなぁ。外見面でのかっこ悪さのかっこ良さ。

『最も危険な遊戯』で優作が見せた、普段の鳴海昌平の姿（ドテラに毛糸の帽子）はこれから発想されたのではないか。

話の方もウダウダ、グジャグジャしている。アフリカ行きを夢みて北海道のとある漁港に現れた男二人（ショーケン&田中邦衛）が、町の連中とつまらないことで諍いをくりひろげる。癖のある人物（桃井かおり、藤竜也）も入り乱れてもうシッチャカメッチャカ。原作は丸山健二で脚本が中島丈博。

ショーケンと田中邦衛のじゃれ合いぶりは画面から口臭やら体臭が漂ってくる感じがする。『離婚しない女』の夏八木勲もショーケンと肩を組み、顔を近づけ肌をこすりつけながら会話していたことを思い出した。神代演出の真骨頂か。田中邦衛が失禁するところは

『真夜中のカーボーイ』を狙ったのだろうか。

　と書いて、全体の感じが『真夜中のカーボーイ』日本版、神代バージョンではないかと気づく。今更ながらだけれど。田中邦衛、途中で死んでしまうのかと思ったもの。前回、下北沢で観たときは（初めての鑑賞だった）。

　映像はまさに軟骨的文体だった。全編にわたって神代印。らしくないカットはなかった。であるから、『青春の蹉跌』と違って好き嫌いがはっきりする映画だ。受け入れない人はどこがおもしろいのか最後までわからないだろう。

　絵沢萌子が出演していた。小池朝雄の女房役で亭主の留守中に峰岸徹とまぐわりまくっている。『女教師』で興奮していて以来、あのときの表情を楽しみにしていた女優さんである。もちろん通常の演技もうまい。

　音楽（井上堯之）は、演歌風メロディーをロックっぽく弾く演奏（順のテーマ）が耳に残る。ベースがいい。『太陽を盗んだ男』のフュージョン系への萌芽も垣間見えたりして。

　助監督に長谷川和彦がクレジットされていた。

『青春の蹉跌』については、「小説と映画のあいだに」で書いている。

　つけ加えておきたいのは、桃井かおりの「良いよ」の台詞。「いいよ」ではなく「よいよ」。イントネーションがたまらない。それから桃井かおりの父親役でキャメラマンの姫田眞佐久がワンカット出演していること。

桃井かおりを知ったのは、TVドラマの『それぞれの秋』。スケバン役だった。次に映画『青春の蹉跌』があって、『前略おふくろ様』の恐怖の海ちゃん役で決定的となった。その前に『傷だらけの天使』にゲスト出演しているのだが、オンタイムではその回を見逃しているのだ。

『赤い鳥逃げた』『エロスは甘き香り』と脱ぎっぷりのいい（といっても『赤い鳥逃げた』を観たのはずいぶん経ってからだが。日活ロマンポルノ『エロスは甘き香り』は未見）新人女優だったのに、『前略おふくろ様』でブレイクしてからはどんどんステップアップしていき、『幸福の黄色いハンカチ』の大ヒット。人気女優になってからは、まるで脱がなくなった。

当然の帰結ではあるが、ある時嫌な噂が聞こえてきた。共演の新人女優を現場でいじめているというのだ。自分が食われてしまっている、その腹いせに。相手は日活ロマンポルノ出身。自分だって同じような過程を経て人気者になったというのに。あくまでも週刊誌の記事で本当かどうかはわからないけれど、これで、自分の中での桃井かおり株が下がったことは確かだった。

２０１７／11／16
『居酒屋ゆうれい』ｉｎ「第９回船堀映画祭」

11月11日（土）、12日（日）の2日間、恒例の船堀映画祭だった。今年で9回め。

注目した作品があった。『居酒屋ゆうれい』だ。

２０１１年の暮れから12年のはじめにかけて、今は無き銀座シネパトスで「萩原健一映画祭」が開催された。ショーケン主演の映画が特集されて足繁く通ったわけだが、プログラムの中に『居酒屋ゆうれい』がなくて残念だった。

『居酒屋ゆうれい』は、90年代のショーケン映画の中でベストの部類に入るのではないか？

公開されたとき劇場で観たのかどうかはっきりしない。観たことは観たのだがビデオだったような気がする。一度はスクリーンで観たい！

『居酒屋ゆうれい』は劇場で観ていないと思っていたが、実際に鑑賞してみると観た記憶が蘇ってきた。山口智子とトヨエツの絡みのシーンで。確か渋谷の劇場だったのではないか？

原作は山本昌代の同名の小説だが、立川談四楼独演会に通うようになって落語「三年目」を知り、この噺にインスパイアされたものと確信した。

こんな話だ。ある若夫婦。仲睦まじく暮らしていたが、かみさんが病弱で風邪がもとで寝込んでしまった。亭主の看病の甲斐もなく身体は弱っていく。かみさんは自分が死ぬと、あなたが後添いをもらう、それが心残りでたまらないと言う。亭主は「何バカなことを言う。もし仮にお前が死んだとしても私は再婚しない」と応えるが、信じてくれない。

「だったら、こうしよう。もし私が再婚したら、初夜に幽霊になって化けて出てきなさい。相手は怖がってすぐに結婚を取り消すから」

かみさんはその言葉に安心して息を引き取る。

親戚連中がすすめる再婚を最初は耳をかさなかったが、結局断りきれなくて再婚。その婚礼の晩、元妻の幽霊がでてくると期待したが来なかった。

そうこうしているうちに子どもが生まれた。そんな三年目のある夜、突然のように元妻の幽霊が現れて、亭主が再婚してかわいい赤ちゃんまで生まれたことを嘆くのだ。

「なぜ、婚礼の晩にでてこなかった？　私は今か今かとずっと待っていたのに」

「だって、死んだとき剃髪されたでしょう？」

「ああ、親戚中が一剃刀ずつ当てた」

「あんな頭ではあなたに会えません。髪が伸びるまで待っていました」

テンプターズ時代からのショーケンのファンなら、特に70年代のドラマ、映画を夢中で追いかけていたファンなら、主人公の居酒屋の主人、荘太郎と『前略おふくろ様』のサブちゃんをダブらせる楽しみがある。料亭の板前からドロップアウトしたサブちゃんが流れ流れて横浜の、京急沿線の街で居酒屋を開業して働いている姿と考えられるから。

荘太郎の私服姿が少々ダサくて、それがまたショーケンらしくて素敵だ。

病弱の妻は室井滋。この役で報知映画賞最優秀助演女優賞やキネマ旬報最優秀助演女優賞等数々の映画賞を受賞している。妻は亡くなる前にこう言うのだ。

「自分が死ねば、店の切り盛りのためにもあなたは新しい女と一緒になるだろう」

否定する壮太郎に、妻は続けて言う。

「もしあなたが再婚したら化けてでるから」

妻は翌朝亡くなった。

一人身の壮太郎に兄が見合いをすすめる。この兄を演じるのが尾藤イサオ。『股旅』以来の共演だろうか。尾藤イサオはその後市川崑映画の常連になるが、ショーケンは一度も出演することはなかった。な、ことはどうでもいい、最初は見合いの話をきっぱり断る壮太郎だが、その後いろいろあって再婚。新妻役の山口智子がハツラツとしていてまぶしい。そんな二人の中に嫉妬して元妻が幽霊として現れたからさあ大変！

公開当時はあまり酒を嗜まず、飲み屋へはあくまでも仲間と行くというものだったのでわからなかったが、今なら居酒屋「かずさ屋」が居心地のいい店だということがわかる。会社の帰り、読書のためにカフェを利用していたが、6、7年前から居酒屋に変更したためだ。最初は川口中央図書館に寄った帰りにすぐ近くにある〈さくら水産〉だった。それから地元、西川口駅前の商店街にオープンした某店（今はない）。最近は御徒町の〈一軒め酒場〉に通っている。新宿で映画を観た後は〈清龍〉にも立ち寄る。カウンターの常連客とけっこう話がはずむのだ。

「かずさ屋」の常連客は、店に魚を卸している八名信夫（毎回支払額が同じというのがおかしい）、ギャンブルに狂って妻子と別れた三宅裕司（後半の展開に大きく関係してくる）、酒屋の息子という青年。この青年が西島秀俊で驚いた。もちろんこの青年のことは覚えていた。いかにも今風の若者って感じで軽い印象しかなかった。今の西島秀俊と結びつかない。若すぎる！

Ⅳ　ドキュメント　ショーケンライブ

「萩原健一　トーク&ミニライブ　ANGEL or DEVIL」（2010／1／19）

ショーケンのトーク&ミニライブ開催を知ったとき、どうしようか少々躊躇した。ライブだったら迷わず「GO！」なのだが。「トーク&ライブ」ではない。「トーク&ミニライブ」。ミニライブというからには、ショーのメインはあくまでもトークである。ショーケンの場合、この手のイベントは一度経験すればいい。

いろいろ思うことがあった。

あのル・テアトル銀座でトークショー？

だいたいミニライブの演奏はどうするのか？　このライブのために編成されたバックバンドがつくのだろうか？

でもミニだからな。そんな予算ないだろう。となると、ギター1本のバックとか。以前なら井上堯之さんだろうな。でも、引退してしまったし。なら速水清司さんか。なら観てもいいか。

すぐに情報が流れてきた。篠原信彦さんのピアノ演奏のみ。篠原さんのアコースティックな演奏で「54日間、待ちぼうけ」をしっとり歌い上げる姿が脳裏に浮かんだ。

構成・市川森一、演出・恩地日出夫。

シナリオライター・市川森一に対する思い入れは強い。『傷だらけの天使』のメインライターだったが、その前にはウルトラ（マン）シリーズで何度もその名を拝見した。円谷プロ育ちなのだ。デビューは『快獣ブースカ』。『ウルトラセブン』では怪獣、宇宙人がまったく出てこない「盗まれたウルトラアイ」を書いている。『帰ってきたウルトラマン』の「許されざるいのち」にＰＹＧ「花・太陽・雨」を仲介した張本人でもある。

日曜劇場『バースデー・カード』のラストの衝撃が忘れられない。水谷豊が主演し、憧れの女性からもらったバースデー・カードから人生を狂わせる孤独な青年を演じていた。後年、図書館からシナリオ集を借りてきて、原稿用紙に書き写したほどだ。

映画監督・恩地日出夫の名を覚えたのは日本テレビ『火曜日の女』シリーズの一つ『ガラス細工の家』だった。道路を挟んで、手前にカメラを置いて、走る車にさえぎられながら向こう側の被写体を狙う構図が好きだった。『傷だらけの天使』も何本か撮っている。メイン監督だった。土曜ワイド劇場『戦後最大の誘拐　吉展ちゃん事件』は大評判を呼んだ。

市川森一がシナリオを書いているショーケン主演の映画って、もしかして恩地監督がメガホンをとるのか？

まあ、そうじゃなくても、篠原さんのピアノ演奏でこのコンビがスタッフなら行くっきゃないではないですか。

「トーク＆ミニライブ」は東京2ステージ、大阪1ステージ、計3回開催される。東京は

18日（月）、19日（火）の2日間。さてどちらにしようか。

13年ぶりのコンサート「Enter the Panther」は当日有休をとった。興奮して仕事どころではないとの判断からだ。退社後だと開始時間（渋谷公会堂）に間に合わないかもしれない懸念もあった。

今回も有休をとるとすると、仕事始まりの月曜日はちょっと気が引ける。それに、2回目の方が何かと手直しがされてよりいいものになっているに違いない。そう考えて19日のチケットを申し込んだ。

申し込んでからトークのゲストを知った。1日めは阿川佐和子、2日めが林真理子。

この二人とショーケンの接点は何なのだろうか？　阿川佐和子とは週刊文春の連載「この人に会いたい」で2回対談している。では林真理子は？　ショーケンファンとは思えないし（文春連載のエッセイでショーケンを取り上げたことはないと思う）不安になった。

「1日めにすればよかったかなあ」

週刊朝日に連載されている林真理子の対談「ゲストコレクション」を読んで不安が解消された。先週だったか先々週だったか。ショーケンがゲストの回。とにかくショーケンがノッているのだ。飾り気のない普段着の言葉で本音をしゃべっている。別に林真理子がショーケンに詳しくて話題を次々に振っていくわけではない。あたりさわりのない進行だと思う。にもかかわらずショーケンが旧知の間柄のようなフランクさで接するのだ。もう何でも答えてしまう。最近亡くなった斎藤耕一監督の『約束』を自身のメガホンでリメイクすると宣言するほど。

初対面にもかかわらず笑顔や雰囲気でほっとさせてくれる人がいる。ほんと、ごくごくわずかであるが。僕自身一度だけ出会ったことがある。あるセミナーで、もう最初から冗談が言えてしまう。あれは不思議だった。

構えなくていい、リラックスできる、饒舌になれる。ショーケンにとって林真理子ってそんなタイプの女性なのかな。

「これはもしかして?!」

不安は期待に変わった。


10時過ぎに新富町のホテルへ。大阪からやってきて前日宿泊していたSさんとロビーで待ち合わせ。少し遅れてGさんが合流。ショーケン談義に花が咲く。復帰作『TAJOMARU』のこと、新曲「時代おくれ」のこと、これまでのこと、事件のこと、これからのこと、新作映画のこと。ショーケンだけを肴に約2時間。どこかお茶飲めるところへ行きましょうと外へ出て腕時計を見たら12時20分だった。

ホテルを出て新大橋通りを本願寺方面に歩く。CM制作会社の新入社員当時、昼食を食べによく通った喫茶店はもうなくなっていた。「笑っていいとも！」が始まったころで、この店でいつもテレフォンショッキングを見ていた。すぐに右折する。銀座に向かう道。会社はすぐそこにあって、よく買い物でこの道を往復したものだ。25歳。青春だったな。

銀座通りへ出る手前のカフェDに落ち着いた。それから16時30分までショーケン三昧の時間を過ごすのだった。途中、Mさん、××（名前失念）さんを加えながら。

その後、会場近くの居酒屋へ。ショーケンファンが集うという。一昨年のトークショー後に東京駅近くの中華料理屋で大騒ぎした仲間たちだ。17時から18時30分まで。

さあ、ショーが始まる。

18時30分ちょっと前に会場へ。

ル・テアトル銀座は黒柳徹子の芝居を上演する小屋としてインプットされている。ほかにも有名俳優、女優のちょっと高級感漂う芝居を上演している。渋谷パルコ劇場のワンランク上というイメージだ。とにかくチケットが1万円近くするので、観たい芝居があってもなかなか手を出せない。

40代半ば以上の映画好きには「テアトル東京」の跡地に建てられたことで記憶されているのではないか。70㎜のシネラマで有名だった劇場だ。「テアトル東京」へは一度だけ足を運んだ『スター・ウォーズ　帝国の逆襲』のロードショーだった。あまりのどでかいスクリーンに驚愕したものだ。最後の上映作品が『ディア・ハンター』ではなかったか。

芝居小屋になってからはこれまた一度だけ訪れたことがある。21世紀になったことを記念して『２００1年宇宙の旅』が上映されたのだ。

エレベーターで3階へ行くと開場が始まるところだった。

まずCDを購入する。会場でしか販売されない限定版で、「時代おくれ」&「萩原健一 ANGEL or DEVIL」の2枚。

「時代おくれ」は「泣けるわけないだろう」以来の新曲で河島英五の曲をカヴァーしている。TVのドキュメンタリーでレコーディング風景が流れたが、声の状態は「Enter the Panther」に比べ格段によくなっていた。ぜがひでも聴きたかったが、CDはリリースされず、いわゆる配信のみなのだ。iTunesとかレコチェクとかまるでわからない五十男にはありがたい。

「萩原健一　ANGEL or DEVIL」と題されたCDにはドンジュアン、アンドレ・マルロー時代の曲が新録音で収録されている。「愚か者よ」「AH! Ha!」「シャ・ラ・ラ」「ハロー・マイ・ジェラシー」「HE IS COMING（ショーケン・トレイン）」の5曲。

なぜこの5曲なのか、ステージが始まってわかることになる。

入口で1枚のフライヤーを受け取った。

「Concert for Hiroshi」のタイトル。その上には大口広司の写真。煙草をくゆらせた横顔がかっちょええ。

キャプションにこうあった。

「あいつのドラムは上手いんじゃないんだ。カッコイイんだ！」

多くのミュージシャンにそう言われた大口広司。彼がこの世を去ってから一年の月日が流れた。

そろそろ天国にいるヒロシとセッションしようぜ。

大口広司の訃報をTVで知ったのは昨年の1月27日だった。

1月25日（月）に渋谷で一周忌ライブがあるなんて全然知らなかった。昨年の11月からチケットを販売しているのに。

出演者がすごい！

ゴールデンカップス、TENSAW、深水龍作&DeepMouth、佐藤隆、GHQ、ジョー山中、ムッシュかまやつ、大口プロジェクト。

カップスにとっては、デイブ平尾の追悼ライブでもある。

GHQの文字に注目した。

キーボードが篠原信彦さんのバンド！　知り合いのバンドが出演するので足を運んだライブのトリだった。篠原さんを目の前にした感激は今でも忘れられない。

中に入って席を探す。前から2列目、ちょっと右寄り過ぎるのが難だか、ステージは目の前だ。良い席には違いない。

すでにステージではスモークがたかれ、それが客席の方まで流れでている。まるで雲海のイメージ。〈ANGEL or DEVIL〉の具現化だろうか。

グランドピアノが上手に設置されていた。篠原さんの演奏が間近で見られる！　喜んだ。

始まる前の生真面目アナウンス（影ナレ）に笑ってしまった。曰く「煙は演出上の仕掛けです。何かあったときには場内アナウンスでお知らせします」。そんな内容だった。舞台を浮遊するスモークにビックリ仰天する客がいるのだろうか。演出以外のこと、たとえば火事だぁなんてあわてる人がいるとは思えないのだが。一人でも驚く人がいる（と想定できる）なら、アホらしいと思ってもアナウンスは必要なのかもしれない。これもまた時代なのだ。だったら、ギャグとして笑うか、それともシラケるか。笑った方がいい。

19時。クラシック音楽が流れスモークと光の乱舞が始まった。

途中からショーケンの声（煽り）も聞こえてきた。さあ、本人が登場……しない。聞こえるのは声ばかり。なかなか登場しない。「Enter the Panther」のオープニングがそうだった。前戯が長いセックスみたい。「早く来てよ」女性ファンは皆やきもきしていたのではないか。いや、男性ファンも同じ。

腕時計を確認したら15分強、篠原さんがピアノにスタンバイ。さあ、今度こそ登場だ。

最初にトークがあって、その後、ライブだと思っていたら予想が外れた。まあ、事前にSさんから昨日の構成を聴いていたのだが。ピアノ以外はカラオケっていうのは、まったく〈らしくない〉と思った。

1日目のサプライズはジョー山中だったという。2日目は、テリー伊藤のギターだった。

冗談。でもあの帽子と眼鏡（サングラス？）を横から見るとどうみてもテリーさんだよ。わかっている、ＧＨＱのギタリスト。つまり2日目は、ピアノとギターが生になったわけだ。これはうれしい。

ショーケンの声とパフォーマンス、「Enter the Panther」のときと雲泥の差だ。あのときどれだけ調子が悪かったか思い知らされる。喉も身体もボロボロの状態だったのだ。

1曲目は「愚か者よ」。

近藤真彦の「愚か者」はレコード大賞を受賞したが、ショーケンバージョンの方が断然いい。同じ曲なのに、ショーケンが歌うとタイトル（「愚か者↓愚か者よ」）と歌詞の一部（「愚か者よ↓愚かな者よ」）が変わる。同じ曲でも「セーラー服と機関銃」（薬師丸ひろ子）と「夢の途中」（来生たかお）ほどの違いがあるのならわかるのに、「愚か者よ」は〈よ〉があるかないか。

どうしてそんな違いが生じたのか、井上堯之さんに訊いたことがある。地元のライブハウスに来たときだ。ライブ終了後に話す機会があった。さっそく尋ねてみた。「それがねぇ、わからないんだよね」と井上さんは笑っていた。「自由に歩いて愛して」も本家（ＰＹＧ）と違う。「誰かが今、ドアを叩いた」という歌詞がショーケンバージョンではカットされているのだ。ジュリーはそのまま歌っているのに。

「AH! HA!」は篠原さんの曲。「大阪で生まれた女」「ぐでんぐでん」「愚か者よ」の次くらいにカラオケに入った。大好きな曲だったのでよく歌った。誰も知らなかったけど。

愚か者よ／AH! HA!

2曲歌い終わって、ギタリストとショーケンがいったん下手のソデに消える。ステージに椅子が用意されると、ショーケンが女性を連れて登場してきた。ゲストの林真理子さんだ。

篠原さんのピアノをBGMにして二人のトークがはじまったのだが、あ〜やっぱり、林さん、ショーケンについて驚くほど何も知らない。今回のショーの印象が「女性客だけでなく男性客もいる、こんなに多いなんて驚いている」なんだもの、さてはドンジュアンやアンドレ・マルローのライブを観たことないな。まあ仕方ないか。あたりさわりのない質問に終始した感じ。ただ最初に「(ショーケンさんが)団塊世代とかみんなの役に立ちたいとか、言うのは似合わない」と断言したのには大拍手！

週刊朝日の対談同様、ショーケンがリラックスしていたのは確かだ。

トークが終ってライブ再開。高橋伴明監督「ANDREE MARLRAU LIVE」の冒頭を飾る「シャ・ラ・ラ」。これも篠原さんの曲。いい曲だなあ。エンディング前には、もう一度林さんを連れてステージに現れ、そのまま客席に下りて、観客の大合唱の中を一周。林さん、夢みごこちだろうな。

関係ないけれど「ANDREE MARLRAU LIVE」は一度劇場の大スクリーンで鑑賞してみたい。映画として堪能したいのだ。

「ハロー・マイ・ジェラシー」ではまたまたサプライズゲスト、ショーケンの隠し子だ、いや、篠原さんのだと紹介されて登場したのは、名前忘れた。でも知っている。GHQのヴォーカル。華奢な身体に似合わない声量は相変わらずだ。ポーラ・デスモンドを彷彿とさせる。ショーケンとの息もぴったり。

もし、フルライブとなったら、バックコーラスは彼女一人で十分なのではないだろうか。となると、キーボードは篠原さんか。いやいや、GHQがバックバンドということか。

ラストはショーケンのテーマ曲、「ショーケン・トレイン」の別名もある「HE IS COMING」。アンコールは「時代おくれ」。

シャ・ラ・ラ／ハロー・マイ・ジェラシー／HE IS COMING／時代おくれ

熱狂のライブが終わるとステージのものがすべて片づけられた。

大ラスは、ショーケンのソシアルダンスだ。お相手はショーケンのダンスの先生。現在、「痴人の愛」の映画化が進められていて、劇中で披露するダンスを特訓中であることはこれまでインタビューで語られていた。

ショーケンの復活。それはこれまでもTVの『チューボーですよ！』や『ショーケンという「孤独」』、映画『TAJOMARU』で確信していたが、本当に生でこの目で確認できた。

次は主演映画だ！

「萩原健一 トーク&ミニライブⅡ ANGEL or DEVIL」（2010／11／1）

なかのZEROはインディーズ映画の上映でこれまで何度も足を運んでいる。最初は地下の視聴覚ホールばかりだった。続いて小ホール。小ホールといっても実際に中に入ると驚いてしまう。キャパは500だから中ホールの名称の方が似つかわしいのだ。

大ホールにはこれまで縁がなかった。いや、一度だけ映画の試写会で訪れたことがあるか。洋画だった。確かホラー映画。調べてみたら『ロードキラー』だった。

渋谷で『死刑台のエレベーター』を観て、中野へ。かなり早く着いたので中野ブロードウェーで時間をつぶす。一番お気に入りの古書店が見当たらない。閉鎖されたのか？ 別の場所で小さな古書店を見つけた。かなり好みの本が揃っている。まだまだ時間はあるがなかのZERO方面に向かう。

中野駅南口を出て新宿に戻るように線路脇の道を歩いていくとなかのZEROがある。いつも時間があると、途中の「ドトール」でコーヒーを飲みながら読書することにしている。今回もそう。ブレンドコーヒーとスパイシードッグを注文して入り口近くに着席。禁煙席は奥にあるのだが、喫煙しているときからの特等席なので。目の前に道路が見える席に座って通り過ぎる人たちを眺めるのも楽しい。

前日から手に取った『勝新　役者バカ一代』を読み進めた。ふと〈ショーケン〉という声が聞こえてきた。隣のカップル（会社の先輩、後輩関係?）、後ろの３人組（男二人、女一人）もショーケンを話題にしている。皆なかのＺＥＲＯへ行く前の時間調整なのだろう。

９月の横浜も一人で行ったのだが、大阪からやってきたＳさんにひょんなところで遭遇した。開場前は会場近くのカフェでおしゃべり。ちょっと前に梨元さんのお別れ会があって喫茶店で読んだスポーツ記事を話題にした。Ｓさん、すぐさま当の新聞（切り抜き?）を取り出した。

「それ見せていただいてよろしいですか?」

突然、隣のテーブルの女性がＳさんに訊いてきた。隣に女性の二人組がいたのである。全然気にしていなかった。

「どうぞ、どうぞ」

テンプターズ時代からのファンの二人。同世代、かな?　以降４人でショーケン話に花を咲かせる。

開場されて、一番前の席（の端の方に）座ったら、後ろがこの女性たちだった。あーら、まっちゃんでべそがちゅうがえり。

11月の中野にも行くと言うので、じゃあまた会場で会いましょうと終演後に別れたのだった。

開場にはまだ時間があるが、なかのＺＥＲＯへ。先の二人に会えるかも。故大口広司ファンさんにも。もしかしたら2月に意気投合したＭさんも夫婦で来ているかも。

誰にも会わずにホールの中へ。４列29番。ほとんどステージ真正面。横浜の一番前よりぜったい良い席だ。通路に挟まれた列には誰もいなかった。

開演前のステージはあこがれの的だ。コンサートに行き、幕がないといつも思う。真ん中にハモンドオルガン（というのを横浜のライブで知った。ああ、あれが！）、左右にＥＧが。それぞれ数台。ＢＧＭが耳をとらえる。あとわずかで始まるライブに胸をときめかす。ある意味至福なときかもしれない。

６時30分。ほら、音楽とともにショーケンの煽りが聞こえてきたぜ。

――なのだが、時計の針をちょっと巻き戻す。

４列め（の席の）中央付近、僕の左右にはまだ誰もいなかった。しばらくして女性が一人左隣に座った。空席の列に男女が並んで着席している姿を想像してほしい。

「何も知らない人からみると、私たちカップルみたいですよね？」

冗談まじりに話しかけてみようと思った。やめた。だいたい僕に見知らぬ女性に声をかける勇気なんてあるわけない。無視されたら傷つく。何より下心がありそうに思われたら心外だ。相手が二人連れならたぶん「横浜は行かれましたか?」と訊いていただろうけれど。「わたしに声かけないで」オーラを発していたことも要因か。どうして一人で来たのだろう? と思えるタイプなのだ。

始まる直前にNさんが僕の前を通って、左隣の隣の隣あたりに着席した（たぶん列のまん真ん中）。通ったときに目があって挨拶。横浜のとき終演後に知り合った。HNはSさんのサイトのコメント欄でよく目にしていた。名前からてっきり男性だと思っていた。Nさんが隣の女性にも挨拶した。知り合いらしい。ショーケンファンの人間関係ってけっこう狭いのではないか?

それにしても人は見かけで判断してはいけない。

ショーケンがステージに登場するやいなや立ち上がった（立ち上がるのは当然）と思ったら、思いっきり「ショーケ〜ン!」。もう叫ぶ、喚く。さっきまで醸し出していたおしとやかなイメージはもうなかった。

横浜のときも開演前からステージ全体が見渡せた。2月の銀座同様、篠原さんはグランドピアノを弾くものだと思っていた。が、ステージには見当たらない。キーボードの類がないのである。えっ、篠原さんピアノ弾かないの? そんなわけないだろう。篠原さんが登場してわかった。真正面に一段高く鎮座していた茶色の四角い物体がハモンドオルガンだったのだ。客席からだと鍵盤がまったく見えないので（まさに立方形の物体に見えた）、それがキーボードだと思えなかった。

当然今回も同じ位置にハモンドオルガンがあって篠原さんが座る。オルガンを中心に、上手に長井ちえさん、下手に瀬田さん。

ショーケンが現れると場内全員が総立ちになって、怒濤のライブが始まった！

何の曲をどんな順番で歌うのか。「ENTER THE PANTHER」のときは手帳片手に曲名とステージの印象をすばやくメモしていたが、トーク＆ミニライブでは必要がない。入場時に購入したＣＤに収録された曲が収録された順に披露されるわけだから。

銀座のときは会場内だけしか販売しない、「2010LIVE記念盤」と銘打たれたミニアルバムだった。収録曲は５曲。「愚か者よ」「AH! Ha!」「シャ・ラ・ラ」「ハロー・マイ・ジェラシー」「HE IS COMING（ショーケン・トレイン）」。

このアルバムが私家版だとすれば、今回のライブにあわせてリリースされたＣＤはインディーズ盤だろうか。ショーケンのライブアルバムにはお馴染みの「イントロダクション」から「フラフラ」まで全16曲が収録されている。私家版からの流用もあるので新たに録音されたのは11曲か。

イントロダクションのあとの「テンダーナイト」。「DONJUAN LIVE」にガツンときたんだ。オープニングはこの曲でなくちゃ。

初めての生のコンサートだった「R」も、13年ぶりの「ENTER THE PANTHER」も、

2月の「ANGEL or DEVIL」もすべて短髪だったショーケン。やっと髪を伸ばしてくれた。

　このときを待っていたんだ！


　横浜のとき、ショーケンの隣でギターを弾く長井ちえさんの貫禄に圧倒された。別にちえさんが太ったとか歳とったとかいうのではない。余裕、だろうか？　全身から自信がみなぎっていて、ギターの構え方、指さばきに思わず「姉御！」と跪きたくなる。年齢は彼女の方が下だろうけれど。音もよかった。

　ほんとすぐ目の前ですからね。

　髪が伸びたショーケンは注目の的だったけれど、イライラしている姿を何度も目撃するのは辛いですもん。返しのイヤフォンの元が外れて右往左往したり、もっと音量上げろと舞台ソデ（のスタッフ）に伝えるも反応がなくて鬼の形相になったり。

　ブルースハープをジャケットのポケットにしまおうとして、上手い具合に開かなくて何度もやり直したり。これはニヤニヤ。

　今回はそんなシーンは皆無だった。正面にはショーケンがいるのだから終始見つめていた。基本は白のシャツに白のパンツ。それに様々なジャケットやマフラー（?）を組み合わせていく。

　大好きなナンバーばかりだ。

前回は視界の外だった瀬田さんもしっかり確認。銀座のときはテリー伊藤だったけれど、今回はもっとワイルドなちゃぼ、かな。

ショーケン、「ぐでんぐでん」を歌いながら斜め下ばかりを見つめている。あれ、もしかして？　やはりそうだった。カンペを見ていたのだ。カンペに頼るショーケンを初めて見た。少なくともこれまで見たコンサートでは。

そんな姿にニヤニヤしてしまった。ショーケンが歌い終わってソデに消えたとき、隣の女性が笑いながら僕に言う。「カンペ見ないでよ、ねぇ？」

すかさず僕が答えた。「でも、あの距離から字が読めるってすごいですよ」

老眼だったらつらいのではと思ったのだ。字の大きさがどのくらいか、わからないけれど。

この数年、自分がなったから推測できる。近眼だから裸眼なら何でもない。コンタクトレンズをするととたんに本の字がかすむ。コンタクトして老眼鏡して。何それ！

テンダーナイト／GOD BLESS YOU（去年の暮れ─予感）／Ah! Ha!／ぐでんぐでん

そういえば、横浜の（前述の）女性から訊かれた。「どうしてそんな冷静でいられるの？」

十分熱いって。でも、陶酔するまでにはいかない。たとえば「ANDREE MARLRAU

LIVE」でも一番前の客はステージにへばりついて、両手を挙げて一心不乱で「ショーケン！　ショーケン！」と叫んでいた。

とてもじゃないけれど僕には真似できない。ショーケン節、パフォーマンス、バックの演奏。すべてを体感するにはもっと醒めていなければ。

そういう意味では一番前の席はいい席とはいえないのだ。4列中央付近はいい距離だと思ったが、実際行ってみたらもっといい席があった。2階の一列目だ。ステージのすべてが見渡せる！　立たなくていい！　なんて、そんなわけにはいかないけれど。

今回のステージングについては、半分はコーラスのＡＨａちゃんにゆだねられている。銀座に比べて驚くほど前面に出ていた。デュエットというか掛け合いの「54日間、待ちぼうけ」なんて衝撃だった。横浜ではあまりの衝撃で落ち着いて聴けなかった。ＣＤでは途中で涙がでてきた。ＡＨａちゃんのヴォーカルはファンの声を代弁している。

お願い　みんなのもとに　返して

大阪で生まれた女／ラストダンスは私に／54日間、待ちぼうけ／ハロー・マイ・ジェラシー

どなたかのブログで彼女のヴォーカルを含めてそのアレンジを歌謡曲っぽいと評してた。

だとしたら叫びたい。「歌謡曲、上等じゃねぇか!」

ゲストにはまるで期待していなかった。横浜は梨元さんの娘だった。素人に毛が生えたような人にショーケンとのトークを盛り上げる力などなく、ショーケンだって話術にたけているわけではない。梨元さんの話題でいくつか会話のキャッチボールがあっただけであっけなく終了してしまった。これは別に彼女のせいではない。

その後、名古屋、大阪も同じだったらしいので、「誰だろう?」なんてワクワク感は皆無。だから「ゲストは小堺一機さんです」と紹介されたときは驚くと同時に喜んだ。こりゃ、トークがはずむぞ。会場もどよめいたような気がする。

少し前にパーティーで一緒になって話したことが今回のゲストにつながったらしい。小堺さん、そのときの会話を得意の物真似をまじえて再現する。大爆笑。

「あのとき、すごい失礼なこと言ってしまったんですよね」

パーティーの時、ショーケンは小堺さんの目をじっと見つめながら話していたという。その目つきについ訊いてしまった。

「クスリやめられたんですよね」

世代だから、テンプターズ時代からショーケンの活躍を知っている。役者に転向してからは映画もTVも観ているようだ。こりゃ中身の濃いトークショーになるなと次の展開を期待していた。小堺さんが『太陽にほえろ!』だか『傷だらけの天使』の話題をしようとすると、ショーケンがストップをかけた。

ショーケンにとっては70年代の作品に関する話はもううんざりなのだろう。ファンにすれば何度聞いてもうれしいものだが。

腹八分目どころか、五、六分目といったところで小堺さん退場。もう少しトークしてもよかったのに。これは予定どおりなのか否か。小堺さんがゲストなら、大きなサイコロを用意して、ファンが気になっていることを代表して訊くということもできたのに。新作『ナオミ』はどうなったのか？『約束』のリメイクは本当に自身で監督するのか？市川森一脚本の旅情を描く映画は？『傷だらけの天使』の映画化は？　フルバンドのコンサートは？　これなら30分、40分なんてあっという間に経ってしまう。

「シャ・ラ・ラ」の大合唱では、小堺さんを引っ張り出してきて、ＡＨａちゃんをお供に客席の通路を一周。４列31番が通路に面している。隣の女性はあわてて通路に向かって飛び出していった。ショーケン、横浜がそうだったように中野でももみくちゃだった。

シャ・ラ・ラ

知っているなら一緒に歌ってくださいと言って、歌いだしたのはテンプターズ時代の代表曲2曲。

「R」で「神様お願い！」を、「ENTER THE PANTHER」で「エメラルドの伝説」を解禁した。「神様お願い！」を歌いだしたのは理解できる。メンバーのオリジナルだし、ローリングストーンズを意識した楽曲だからだ。が、なぜ「エメラルドの伝説」なのか？いかにもなおとぎ話風ラブロマンス、もろＧＳサウンド。テンプターズ時代は地獄だったと切り捨てるショーケンは絶対取り上げない楽曲だと思っていた。もちろん、僕自身は「神様お願い！」も「エメラルドの伝説」も大好きだけれど。

横浜のときは、新アレンジの「神様お願い！」に度肝抜かれた。イントロからはまるで「神様お願い！」だと想像できない。ＣＤを聴くうちにお気に入りになった。ウエストコーストのロックンロールという感じ、しませんか。

ラストはショーケンのテーマソングとでもいうべき「ショーケン・トレイン」。ライブではお馴染みになった、バンドメンバーを引き連れてのステージ一周。いつものパフォーマンスのあと、ショーケンが全速力でステージを駆け巡った。思わず拳を握り締めた。

「ショーケン、本気なんだ」

胸に熱いものがこみ上げてきた。

声の調子は「ENTER THE PANTHER」と比べると格段に良くはなっているが、全盛期には及ばない。それは仕方ない。心配なのは声が裏返ったまま、もどらないときがあるときだ。

ショーケンの声の衰えを声の裏返りと表現する人がいる。言葉が足りない。裏返りは演技でも歌でもショーケン節の魅力の一つだった。歌ならば、裏返って高い声を極めたとたん、すぐにドスを利かせるような、まるでジェットコースターみたいな高低自由自在な歌唱にゾクゾクするわけだ。それが裏返ったままだとたまらなく不安になる。声が震えていたりすると喉を酷使しないでと祈りたくなる。

横浜のときは、一番前だったこともあり、歌い終わるたびに、喉の薬をシュッシュしていたのを目撃している。

まあ、とにかく。

ショーケン、フラフラ。

全員ソデに消えた。

エメラルドの伝説／神様お願い！　／愚か者よ／ショーケン・トレイン（9月25日吉日、友の結婚）

さあ、アンコールだ。ずっと手拍子をし続ける。最初は全員が立ち上がっていたが、一人、二人と座っていき、立っているのは（まわりでは）僕と隣の女性だけになってしまった。どうして皆座るんだよ！　少々毒づきたかったが、このままだと後ろの席の人がステージを見づらいなと思って、あわてて着席した。続いて女性も。

舞台にはショーケン以外のメンバーがそろった。

ＡＨａちゃんが巫女になって、天上の神を呼んでいる……

ショーケンが客席から現れるのは、名古屋、大阪の情報で皆知っている。誰もステージなんて注目していない。

どこから現れる？　スリリングな瞬間。

スポットライトが当たった。な、なんとショーケン、2階席に立っていた。

ステージでは「フラフラ」の前奏が始まった。

ショーケン、すぐにドアの外へ消えると、そのまま裏の通路を走ってきてステージに登場した。

客席の歓声！　ボルテージは最高潮！

個人的には、あのまま2階席で「フラフラ」を歌えばもっと感激したのにと思っているのだが。

……ボブ・マーリーよろしく、ショーケンの「ヨォー」に応える客席。その繰り返しで最後に三本締めならぬ四本締め（？）。

ANGEL or DEVIL ／フラフラ（春よ来い）

本当のエンディングがやってきた。時計を見ると20時ちょっと前。エントランスに飾ってあるポスターには18時30分~20時30分と明記したあったのに。トークの時間が短くなっているのだろう。まあ、ショーケンにはトークショーは似合わないし。だいたい2時間あのパフォーマンスやったら、ぶっ倒れるよ。

メンバー紹介のあと、ちょっと長めの挨拶。カンペの力を借りたのはご愛嬌。

今を生きていると、だから皆さんも明日を楽しい一日にしてください、と。

胸にしみた。

そう一週間先、自分がどうなるかわからない。自分だけでなく、明日だって本当のところわかりゃしないのだ。だからできるだけ触れ合いたい。もうライブはいいかな、と思ったけれど、考えを改めた。

帰り支度をしていると、「君が代」が聞こえてきた。ショーケンの声だ。何かの式でショーケンが歌ったという。週刊現代ではグラビア特集に「ショーケンが国家を歌う時代」というタイトルがつけられていた。

高校時代のラグビー部顧問で、現代国語のM先生が、授業でこんなことを言った。

「『君が代』は『古今和歌集』の読み人知らずの作品なんだ。地方の誰だかわからないような人が天皇のことなんて詠むものか」

以降、このスタンスで「君が代」に接している。

充実した1時間30分強だった。

Gt・瀬田一行　Gt/Chor・長井ちえ　Vocal/Chor・AHa
Key・篠原信彦
Bass・石川信二　Dr・堀越彰
Sax・鈴木アキラ

タイトルの「ANGEL or DEVIL」、ふと黒澤明の言葉（本のタイトル）にも由来しているのだろうかと思った。

天使のように大胆に
悪魔のように細心に

「萩原健一　LIVE2011　DEEDS, NOT WORDS」（2011／9／22）

今年のライブは〈ANGEL or DEVIL Ⅲ〉ではない。新しい名称になっていた。〈DEEDS,NOT WORDS〉。「不言実行」という意味だそうだ。イメージ的にはこれまでは助走で、今回は離陸（飛行）になるのだろうか。

フライヤーもこれまでとは一線を画していた。はっきり言って過去2回のそれは素人がデザインしたみたいなものだったので。

名古屋を皮切りに京都、大阪、東京（赤坂）と続き、ラストが横浜。赤坂にするか横浜にするか、一瞬悩んで赤坂にした。赤坂ＢＬＩＴＺは一階がスタンディング、二階が指定席だ。できれば二階の最前列の席にしたい。ゆっくりじっくり鑑賞するには最高ではないか。

考えることは皆同じだった。チケット販売2日めにチケットぴあで予約しようとしたら、2階席は完売していた。仕方ない、1階スタンディングの一番後方で鑑賞しよう。最前列で片手振り上げながら、一心不乱になるより、ある程度の距離を置いてショーケンのパフォーマンスを堪能したい。ステージに向かって「ショーケン！」とも「ハギワラ！」とも叫べないけれど、決して醒めているわけではない。自分なりのノリを大切にしたいだけだ。

チケットは後日セブンイレブンで手に入れた。

この時点では知らなかった。チケットに整理番号がついていることを。

２００３年のライブツアーの最初はSHIBUYA―AXだった。AXも1階はスタンディングだ。あのとき行っていたら入場の仕組みがわかったのに。初日ということでパスして、後日の渋谷公会堂に足を運んだのだ。

今年になって初めて訪れた。娘に誘われてPOLYSICSというロックバンドのライブで。

開演ギリギリだったので、整理番号なんて関係なく入場できた。

そんなわけで、スタンディングの場合、入場時が大変だろうなあと思っていた。誰もがステージ前のスペースを確保するため、早くから並ぶのかもしれない。そういうのは嫌だ。自分は後方でいいや。一番後ろで壁にもたれて観る（聴く）ことにしよう。

とはいえ、定時で退社すると開演時間に間に合わないので、午後休をとった。

赤坂には何度も行っているが、ＴＢＳ界隈まで足を運んだことはない。特に今の建物になってから。当然赤坂サカスも。赤坂ＢＬＩＴＺは赤坂サカスに面した建物のひとつだった。それしてもそのあまりの変貌ぶりに驚いた。まるで違う一角。

時間は17時。隣のスターバックスでしばしの読書。

18時過ぎ。外では雨が降っている。午前中はあんなにいい天気だったのに、午後になってから雨雲が空を覆った。いつ雨が降ってきてもおかしくなかった。まあ、雨なら仕方ない。前日だったら台風直撃でライブは中止（延期）になっていたはずだから、雨くらい何てこともない。

入口に向かうと列ができていた。当日券購入の人たちだった。係員が叫ぶ。

「この列は当日券を購入される方の列です！　すでにチケットをお持ちの方は、チケットに記入されている整理番号順にご入場していただきますので、時間がきたらお集まりください」

ここで初めて入場の仕方を知ったのだった。チケットを確認すると確かに番号が書かれてあった。280番だったか。

開場にはまだ時間がある。雨のため気温も下がって寒くなってきたので、暖かいところで時間をつぶしたい。目の前に地下に下りる階段があった。下りて驚く。地下鉄千代田線への通路のほか、ビルの地下街があってさまざま飲食店が並んでいた。最初からこちらに来ていればよかったと思っても後の祭り。書店があったので、立ち読みして開場を待つことにする。

開場（18時30分）5分前。地下街から地上に向かう階段に列ができていた。赤坂BLITZの入口は1階用と2階用の二つが並ぶ。2階は指定席だから時間がくると次々とお客が入っていくが、1階はそうはいかない。整理番号順に入場を許可していくわけだ。その順番待ちのお客が番号に従って列を作っていた。入口近くは1～100番台、地下街に続く階段には200番台以降。知った顔はいなかった。

受付を済ますと、ロビーでCDを販売していた。あわてて購入。たぶん昨年のCDと内容的には変わらないとは思うのだが、ショーケンでは仕方ない。入場時に受け取った券でドリンクが一杯飲めるが中がどうなっているのか知りたくてとりあえずホールへ。

1階はスタンディング、とのことだったが、後方には椅子席が用意されていた。客の年齢層を考慮したのだろう、左右、それぞれ100席ほど。きっちり数えたわけではないが。

スタンディングスペースには中央から左右が長い十字のポール（正式名称がわからない、ひじ掛け、背もたれになるようなゴムで覆われた棒状のもの）が伸びている。まだ人も少ない。ああ、ここでいいやとロビーに出てドリンク券でビールを注文。ドリンクカウンターのそばで立ったままビールを飲む。目の前のベンチに小堺一機が座っていた。思わず挨拶してしまいそうになった。昨年の感想などを訊いてみたかったが我慢、我慢。

赤坂BLITZはライブハウスなのだった。ホールへのドリンクの持ち込みは大丈夫。なのに、いつもの癖（芝居の劇場は通常飲食物の持ち込みは不可）でロビーでビールを飲み干してから再度中に入る。ポール近辺は人でいっぱいになっていた。どうしようか？

「やっぱり一番後ろにしよう」

後方を見ると、左右の椅子席後方に同じようなポールが伸びていた。近づいてみるとポールのところから一段高くなっている。ステージからもそんなに遠くない。目の前は椅子席だから眺めもよい。絶好のコーナーではないか！

この一段高いスペースは、中央のPAブースの左右（それぞれ椅子席の後ろ）に位置する。見上げると、二階席にあたる天井からモニターが吊ってある。ステージの模様がモニターでも確認できるのだ。いやはや最高。

ライブが終わってから係員に確認したのだが、1階はスタンディングだと1000人収容できるとのこと。2階席は120人。椅子席があるので実際の人数がどのくらいかわかりかねるが、開演直前にはほぼ満員状態になったのではないか。

開演前の影ナレを聞いてびっくり。このライブ、主催がニッポン放送なのである。

19時。開演だ。

場内に「トッカータとフーガ　ニ短調」が鳴り響く。小学6年から中学時代にかけて、家にあったクラシック全集の中でバッハのこの曲を一番よく聴いた。それからショパンの練習曲。ステージでは音楽に連動して7つの光が乱舞する。乱舞が一段落すると、バックミュージシャンが登場。

センターマイクを真ん中に、上手が長井ちえ（ギター）、下手に瀬田一行（ギター）、ちえさんの後方にベースの渡辺建！　一番下手側がキーボード・斉藤浩哉、二人の後方にドラム・渡辺慎。

ショーケン本人が次はフルバンドで、と語っていたことから、今回のライブの楽しみはメンバーが誰になるのかということだった。しかし、ツアーが始まるまで、何の情報も伝わってこなかった。

Sさんの初日レビューでやっと詳細がわかったのだが、もし何も知らなかったとしたら、ショックを受けたかもしれない。なぜキーボードが篠原信彦ではないのか。どうしてコーラスにAHaちゃんがいないのか。次なるフェーズになったということで二人は降板したのだろうか。予定どおりだったのか。ベースの渡辺建さんには拍手喝采なのだが。

ツインギター＋ベース＋キーボード＋ドラムスのシンプルな編成。

5人が定位置についてから、青いシャツを着たショーケンが登場した。

場内がどよめく。

「ショーケン！」

「ハギワラ！」

青いシャツが似合っていた。何よりシンプルなのがいい。

昨年は、まるで着せ替え人形みたいに衣装をとっかえひっかえしていて、おまけにどこかお仕着せの感じがした。似合っているとはいえ。

身軽になったショーケンが軽快に「神様お願い！」を歌いだした。

「神様お願い！」に身をゆだねながら考えていた。僕がテンプターズファンになったのは何の曲だったのだろう？

当時、バンドの単なるヴォーカルには興味がなかった。あくまでも楽器が弾けないと僕の評価は低かった。

にもかかわらず、テンプターズではなぜヴォーカル・ショーケンのファンになったのか。「神様お願い！」「エメラルドの湖」は確かに好きだったけれど、「おかあさん」が大いに関係しているのではないか。YouTubeで当時の演奏を見て確信した。すっかり忘れていたのだが、「おかあさん」はショーケンのリードヴォーカルではない。コーラスとハーモニカを担当しているのである。あのハーモニカを吹く姿にしびれたのではなかったか。

ハーモニカは、「熱狂雷舞」以降のシンガー・ロックパフォーマーとしても魅力の一つだ。ブルースハープと言った方がいいか。

「GOD BLESS YOU」はある種、３・11震災地への応援歌になっていた。

GOD BLESS　仙台
GOD BLESS　岩手ピープル
GOD BLESS　福島ピープル
GOD BLESS　ジャパニーズピープル
GOD BLESS　ジャパン

帰宅して購入したCDのジャケット（裏）を見て驚いた。タイトルが「GOD BREATH YOU」になっている。これってわざとなのか？　そうだとすると意味が通じなくなる。〈岩手のみなさんに神のご加護を〉〈福島のみなさんに神のご加護を〉なのだから。単なるミスプリか。

ちえさんのギターがいい。やはり姐御ですわな。前回とイメージは変わらない。瀬田さんがまた別の顔になっていた。今回はＪＯＹかと思った。あの若手タレントの！　カメレオンギタリストと呼ぼう。シャツは左右の色が違うジャンボーグ９ファッションだし。

歌詞がかなり変更されている。「テンダーナイト」ではイヤリングがピアスになった。確かに時代を考えればそうだろう。そうだけどさ。そのものずばりの表現も増えた。「ラストダンスは私に」なんて、もう一発やらせてと言われたら断ってね、だもの。

神様お願い／GOD BLESS YOU／テンダーナイト／ラストダンスは私に

「ラストダンスは私に」を歌い終わると挨拶があった。こんなに早いMCは珍しい。曰く「結婚しました……」。

不思議な感覚にとらわれた。あのとき東京、大阪で全3回開催されたトーク&ライブ「ANGEL or DEVIL」。トークのお相手となった3人の女性の中で、独身だったのは阿川佐和子だけだったのに。まあ、いいや。結婚でショーケンの健康や芸能活動が好転するのであれば願ったり叶ったり、だ。

ゲストミュージシャンの渡辺建を紹介。渡辺さんのベースはうれしい。渡辺さんのベースをフィーチャーした形で始まる「大阪で生まれた女」は定年を迎えたサラリーマンの哀歌とでもいうべき内容になっていた。一部歌詞を替えているだけだから、全体のイメージはめちゃくちゃだけど。

長年勤めた本社の帰り　たどりついたら単身（赴任）の部屋

「Famous Guy」は、ショーケンが徳間音工（バーボンレーベル）からアルファ・ムーン（ムーンレーベル）に移籍してリリースしたアルバム「Straight Light」B面ラストに収録された曲。

「Straight Light」は僕が初めて買ったショーケンのスタジオ録音アルバムだ。それまではライブ盤しか聴かなかった。初期のアルバムが普通に歌われているので、スタジオ録音盤＝通常歌唱、ライブ盤＝変幻自在のショーケン節、という認識があって、聴く気がしなかった。後年、そうではなかったとわかるのだが、このときはこのスタジオ録音盤で初めてショーケン節歌唱を取り入れたのだと一人喜んでいたことを覚えている。

当時Famous Guyはジュリーのことだと言われた。ジュリーが、離婚問題、暴行事件でメディアで何かと叩かれていた時期で、そんなかつてのライバルにエールを送った歌だと。〈問題児〉の先輩として。

「Famous Guy」は、今回のライブでは「GAMBLER」のように一人語りがメインになっている。まるで音楽とコラボした一人芝居。「お前のチ×ポ、びびって縮んでるじゃねぇか！」

ショーケンが呼びかける相手は誰なのか？ ゾルゲ手法の詐欺男、FakeGuy、Mr.Fakeman＝Mr.Sとは？ それからMr.W、Mr.Kとは？ 映画プロデューサーか？

「シャ・ラ・ラ」。ああ、ずっとシャラララララ……と合唱していたい！

大阪で生まれた女／Famous Guy／シャ・ラ・ラ

2回目のMC。何話したんだっけ？ 忘れてしまった。

あまりローリングストーンズに詳しくないので、知らなかった「Ruby Tuesday」。ルビー（のような）火曜日という意味かと思ったら、女性の愛称なんですね。ぶっきらぼうな歌い方。あの歌い方はミック・ジャガーを意識してたのだろうか（CDを聴くたびに好きになっていく）。

そのミックとショーケンのスタイル（特に腹！）を比較してなんだかんだ言う人もいるが、一言言いたい。

相手はずっとヤクやってんですぜ。比べるなら尾藤イサオではないかと。

野の百合のような人と紹介したジョー山中と一緒にシャウトした「愚か者よ」。ドンジュアンの石間秀機のギターにしびれて、篠原さんもメンバーだったフラワー・トラベリン・バンドに注目した。ヴォーカルがジョー山中なので驚いた。そういうつながりがあったのか！　CDになった「SATORI」、しっかり買いましたよ。

「Ah! Ha!」熱唱中、ふと気がつけば、シャツは汗で濃紺と青の二色になっている。歌い終わるとソデに消えた……。

エメラルドの湖／Ruby Tuesday／愚か者よ／Ah! Ha!

黄色いシャツに着替えたショーケンが登場。ドラムのソロ、ショーケンの紹介。瀬田さんのギターが響いて「ショーケン・トレイン」が始まった。

モニターを見る。光（照明）にかこまれてショーケンの姿が、ない！
ここで、全員がソデにはける。ああ、これで終わりだったのか。

ショーケン・トレイン

当然、アンコールの拍手だ。全員がステージに集合。
アンコールは前回ライブの大ラス曲「フラフラ」。

時代が止まって、フラフラ
どこもかしこも、フラフラ
フラフラ、フラフラ、フララ
映画もＴＶも、フラフラ
医者もスターも、フラフラ
狂って狂って、フラフラ
安いコメンテーター、フラフラ

行動起こせ！　人生つまずくことだってあるさ！　STAND UP! STAND UP! STAND UP!
STAND UP!　自身を持ってＴＲＹしろ！　自分の心を奮い立たせるんだ！　できるさ、

できるさ！　DEEDS, NOT WORDS!

メッセージはしっかり胸に刻み込んだ。

だから、だから、あなたが今度僕の前には登場するのは、映画かドラマの主役ですからね。約束しましたよ。

大ラスは「Thank You My Dear Friends」。久しくライブで聴かなかったな。

この曲がラストということは、ショーケン、完全復帰だろうか。

声はほぼ元にもどっている。もちろん完全ではないけれど、仕方がないよ。ＣＤを聴けば確信できる。嘘じゃないから！

ちえさんの〈稲妻落としサーブ〉ストロークに身体を合わせながら、思った。

役者として早く次を魅せてほしけれど、ライブも毎年続けて欲しいよ。

ありがとう、ありがとう……
Thank You My Dear Shoken!

【アンコール】
フラフラ（春よ来い）／Thank You My Dear Friends
「パッヘルベルのカノン」（もしかして「Ｇ線上のアリア」?･）に送られて一人帰宅の途へ。

誰かそばにいれば、赤坂の街で祝杯をあげていたのに！

V

adieu

ショーケン、復活！

ＮＨＫの土曜ドラマ『不惑のスクラム』。

刑務所から出所した中年男がひょんなきっかけからシニアラグビーチームに所属、その交流を通して男の過去、メンバー各人が抱える問題を描いている。

主演は高橋克典だが、毎回、ラグビーチームの面々、一人ひとりにスポットを当てて進行していく。

先週土曜日（22日）はショーケンだった。チームの要、癌で余命いくばくもない初老の男を演じていて笑い泣きしてしまった。

ショーケン、映画の話はなかなか聞こえてこないが、ＴＶドラマでは、このところ印象的な演技を魅せてくれている。

『どこにもない国』の吉田茂は、『ウィンストン・チャーチル　ヒトラーから世界を救った男』でチャーチルを演じたゲイリー・オールドマンを意識したかのような、ショーケン的アプローチではないか。最初登場したときは、頬の作りに笑ってしまったのだが、トータルのイメージは悪くない。禿げを表現するために頭頂部を剃ってしまうなんて誰もやりませんぜ。

テレビ朝日の日曜ワイド『明日への誓い』はまだ途中までしか観ていないが、その演技はまるでライブで歌っているようだ。かつてライブを観ながら一人芝居を感じたときと逆のパターン。

同じことが『不惑のスクラム』でも感じられる。あの腹のでっぱりもショーケンなりの役へのアプローチだと思えてしまうほど。

ショーケンはエアギターの元祖だと思っているのだが、最近のライブではちゃんと本物を弾いていてすげえなと。ただ、声がどうしても昔ほど、いや、10年ほど前に比べても、でなくなっていて、少々つらかった。しかし、演技では逆にいい味になっている。

早く主演映画を撮ってほしい。

ちなみに『不惑のスクラム』ではショーケンの妻を演じる夏木マリが出色。

2018／09／26

無題

ショーケンの訃報を目にしたとき、オレはどうなるのだろう？

そう思ったときがある。

もうずいぶん前のこと。一笑に付した。そのときがくるとしたって、まだまだ先のことではないかと。

昨晩、夜9時過ぎに帰宅してTBSの特別番組を見ていた。

PCを開き、週末のブックカフェ二十世紀のイベント告知をツイッターに投稿しようとキーボードを打っていた。TVに臨時ニュースのテロップが出た。いったい何が起きたのか。注視する。次が出てこない。かなりの間。

そして、萩原健一さんが亡くなりました、の文字……

叫んだ。喚いた。

どうして！　なぜ？

茫然自失。

何もしたくなくなった。

今、完全に腑抜け状態。


ご冥福をお祈りいたします。

２０１９／３／30

忘れ得ぬ君

何とか落ち着いてきました。

ＮＨＫの『クローズアップ現代』を観て。

先日、毎月1回、カラオケグループ・シネカラで通っている阿佐ヶ谷のスナック、サウンドKに一人で行き、オールナイトでショーケンを歌いまくりました。

お客さんの一人がたぶん同世代で（柳ジョージ&レイニーウッドの「同じ時代に」をカラオケで歌う人なんだから）、二人になってからは、その方はジュリー（ザ・タイガース含む）、私はショーケン（ザ・テンプターズ含む）で交互に歌いました。閉店まで。

ショーケンについては、後で書きます。思う存分。

2019／4／8

『追悼・萩原健一　傷だらけの天使ラジオ～傷だらけの天使ビルに集う人たち』

本日、19時から文化放送で『追悼・萩原健一　傷だらけの天使ラジオ　～傷だらけの天使ビルに集う人たち』が放送された。

エンジェルビルは、今夏大ヒットしているアニメ『天気の子』で主要舞台になっている（らしい。観ていないので）から、若い世代にとって代々木会館＝『天気の子』ということになるのだろう。ずるいなあ、新海誠監督。

前作が空前の大ヒットだったからだろう、『天気の子』は企業のスポンサードがすごくて、さまざまな企業のCMで取り上げられていた。こりゃ、すげぇと思っていたものの、個人的にはまるで興味がなかった。それが、エンジェルビルが劇中に登場すると聞いて、だったら観てもいいか、と思ってしまうほどだったもの。

50代以上の世代にとっては、代々木会館＝『傷だらけの天使』以外考えられない。

ＮＨＫ『鴨川食堂』で共演した吉沢悠（ひさしと読むんですね）が進行役で、ショーケンの訃報が流れた翌日（だと思う）に、代々木会館に集まった方々へのインタビューで構成されている。

さまざまな人がいた。熱狂的なファン、デザイナー、当時ロケ現場を何度も見学していた近所に住む人、ショーケンを知らない世代……

その中に、熊谷俊哉のお兄さんがいた。驚いた。まったくの偶然なのだろうか。あるエピソードで誘拐された子役は弟なんです、母親役は大女優で、と応えていて「ええ！」。サブタイトルは思い出せなくて、母親役の松尾和子は歌手（の大御所）だけれども。弟は他界しちゃったんですよ、とも。

映画化に奔走していた東宝のプロデューサーも登場した。映画をヒットさせるためには水谷豊を登場させろと言われ困った話を語っていた。ショーケンが、まわりが考えるほど『傷だらけの天使』に思い入れがないことも。

まあ、『傷だらけの天使』は映画化されてはいるのだ。トヨエツ主演で。確か続編も制作された。音楽は井上堯之さん。ＴＶとの関連は知らない。観ていないので。ショーケン主演の映画の話が進められている最中、この映画は完全にないものとされていたっけ。

『傷だらけの天使』は映画化されなくて正解だった。あくまでも個人的な見解だが。
リアルタイムで『傷だらけの天使』がオンエアされていたとき、話題になったのは、弟分役の水谷豊の演技だった。水谷豊がショーケンを食った的な記事をよく目にした。そのたびに怒り心頭だった。

確かに水谷豊の演技は斬新だよ。役者としてブレークもした。でも、ショーケンは決して水谷豊に食われていない、毎回ショーケンらしさを発揮しているではないか！
現在、そんなことに触れる人はいない。皆、忘れているのか。今では『傷だらけの天使』＝萩原健一だもんな。

『ショーケンという「孤独」』を撮った原渕さんとは、個人的な追悼会をしようかと話をしている。場所はブックカフェ二十世紀で。『ショーケンという「孤独」』でオンエアされなかった秘蔵映像の上映＆思い出トークを考えている。

２０１９／８

『いだてん ～東京オリムピック噺～』

ＴＶドラマを視聴率で語るのはいい加減やめたらどうか。もうずいぶん前から提言している。
視聴率で語るのは（民放）ＴＶ局の営業とスポンサー（の担当者）だけでいい。

一般の視聴者が視聴率を語ってどんな意味があるというのか。

だいたい、今時、昔ながらの調査方法の視聴率にどれだけの価値があるのか。

今でもＴＶが一家に一台的な考えで、視聴率を算出することがどうかと思う。今は一人一台で番組を楽しんでいるいるだろうし、本当に観たい番組は録画するだろう。僕はそうだ。

調査方法だって、昔ながらのサンプリングではなく、今の時代ならＴＶ受像機の双方向性の機能を利用して、一台々からの視聴の結果が集計できるだろうに。

まあ、新聞が毎週一回前週のＴＶ番組の視聴率一覧を掲載しているのだから、仕方ないのだけれど。メディアにもその要因があるわけだ。視聴率が悪いと、もうそれだけで番組を叩くからね。視聴率が悪い＝ダメ、という烙印を押して。

あるドラマがあって、その視聴率が悪いと、主演の俳優をもう旬ではないと叩く。このパターンが一番多いか。

ドラマの内容はどうなのか、単なるミスキャストなのか、シナリオの出来が悪いのか、それとも演出が悪いのか、企画そのものが今の時代にそぐわなかったのか。いろいろと分析する要素はあるはずなのだ。それが、すべて主演俳優の責任になってしまう風潮があって、そうじゃないだろう！　と叫んでしまうことがたびたびあった。

何が言いたいかというと大河ドラマ『いだてん～東京オリムピック噺～』のこと。

開始以来の低視聴率、ずっと一桁台であることがネットのニュースになっている。歴代ワーストを更新したとか。

今年の大河ドラマが『いだてん』と発表されたとき、近代が舞台になっていること、東京オリンピックを題材にしていることで少しばかり興味を持った。脚本が宮藤官九郎、音楽が大友良英、脇を固める役者陣の顔ぶれ、と『あまちゃん』のスタッフ、キャストが起用されている。『あまちゃん』にハマった僕としては、大いに期待してもいいドラマだった。

観なかった。

期待以上に反発が強かったからだ。

明らかに来年の東京オリンピックを意識した企画である。

元来、日本でオリンピックを開催することに反対の立場だ。昭和39年の東京オリンピックには意義があったと思う。札幌オリンピックも。まあ、セットとしてだけど。

その後はまるで開催意義が感じられなかった。名古屋が立候補したときは落選して喜んだほど。

2020年のオリンピックに東京が立候補したときは何考えてるんだと憤った。

そんなことやっている余裕があるのか！

東北大震災の始末もまだついていないだろう。

震災復興なんてただのお題目にすぎない。

結局、オリンピック誘致で得をするのは、東京都と政府と建設業界と何よりオリンピック関連のスポーツ関係者だけではないか！

オリンピック競技を生で観たいというファンもいるか。

何より、安倍サンの顔がちらつくのが我慢できない。

誘致スピーチでの、福島が「アンダーコントロール」されている発言に怒り心頭に発した。リオオリンピックの閉会式でマリオに扮して得意顔を振りまいた。一国の首相が出るものなのか！

アンチ「東京オリンピック２０２０」を標榜する者として、オリンピック賞賛ドラマは受け入れられなかったというわけ。

ところが、ショーケンが出演すると知って、コロっと態度を変えた。

ショーケンの遺作なら観なくては。ショーケンが登場するのはまだ先だったが、知ったその週（翌週）からチャンネルを合わせた。

『いだてん～東京オリムピック噺～』を観始めたのは、第一部の終盤だった。第一部の主人公、中村勘九郎演じる金栗四三がアントワープオリンピックに出場、その後、東京の女学校の教師になっての、女子をめぐるスポーツの封建的考えに対するてんやわんやを描くあたりから。

ＯＰタイトルに瞠目した。

メインタイトルのロゴデザインは横尾忠則。いかにもって感じでニヤニヤもの。

横尾忠則を知ったのは１９７０年代前半の少年マガジンの表紙だった。石油ショックの紙不足でマンガ週刊誌が極端に薄くなっていたとき、マガジンの表紙デザインを担当していた。マガジンの人気キャラクターが登場しているのに、表紙全体から感じる異様な雰囲気に驚いたことを憶えている。

メインタイトル後の映像がわくわくさせてくれる。

当時の東京の風景にオリンピック選手の競技を合成している。まるで東京に出現した巨人の様相で怪獣映画、特撮ヒーローファンは歓喜できる。

そして、そして。軽快な音楽に耳を捉えられた。ファンファーレのあとの前奏、あのストリングスはまさに『スーパージェッター』ではないか！

思わず、「僕はジェッター　１０００年後の未来から時の流れを超えてやってきた　流星号応答せよ」とナレーションをつけたくなってしまう。

大友さん、ぜったい狙っている。

何より驚いたのは、演出家だった。初めて観た回にクレジットされていたのは大根仁。

「えぇ!!」

ＴＶの前で声をだしてしまった。大河ドラマのディレクターにＮＨＫ局員以外の人が起用されている！

大根仁は映画監督だ。「モテキ」「バクマン。」は劇場で観た。映画に進出するまではテレビドラマを手がけていたが、それも民放の番組だ。

これまで大河ドラマは局のベテラン、俊英のディレクターが担当していたのではなかったか。いわゆる花形のディレクターが。

大河ドラマがフリーのディレクターを起用するとは！　これは『いだてん』が最初なのか。それとも僕が知らなかっただけのことなのか。

聞くところによると、最近のNHKの番組にはかなり民放の人材が流れ込んでいるとか。あるテレビ関係者が言っていたっけ。人気番組『チコちゃんに叱られる』は実際のところフジテレビ関連の会社が制作していると。

初回チャンネルを合わせたものの2、3回で視聴をやめてしまった知り合いがいる。ドラマの語り部となる古今亭志ん生及びその弟子（五りん）の話（高座と美濃部家をめぐるドラマ）と金栗四三を主人公とする実際のオリンピックの物語が交錯するので、わかりづらいということだった。

そういえば、最初に観た回か、その次か、まあ、観始めたころにこんなことがあった。志ん生と、二人の息子（金原亭馬生、古今亭志ん朝）中心の話だった。語り部となる晩年の志ん生はビートたけしが演じていて、若き志ん生は森山未来が扮しているのだが、思い出話（回想）に登場する馬生と志ん朝も森山未来なのである。そんなこと全然知らないこちらは、寄席に出入りする馬生と志ん朝に「？」がいくつも頭をめぐったものだ。まあ、少したって、一人3役かと得心したのだが（ナレーションも森山未来！）。

視聴者（観客）にわかりやすくするよう、テロップ（字幕）やナレーション、説明台詞、大仰な感情表現が増えたドラマ（映画）に見慣れると、少々複雑な作劇は受け入れられなくなる、ということか。

回想シーンが挿入される場合は、きちんとそれが回想だとわかるようにしないと理解できない。最近、いやひと昔、ふた昔からその手のドラマ（映画）が増えてきた。

そんな話はどうでもよくて（よくはない！）。

キャスティングでとても得心したことがある。

志ん生の女房は、若き日を夏帆、現代（ドラマの中で）を池波志乃が演じている。これが実に自然なのである。夏帆が年齢を重ねたら池波志乃になると思えるのだ。映画『ビブリア古書堂の事件手帖』では、渡辺美佐子と夏帆は同一人物に見えなかった。

そんなことをいえば、森山未来とビートたけしなんて完全なる別人なんだけど。それに晩年の志ん生は禿頭なんだから。ま、そこはビートたけしあっての志ん生、ドラマの売りなのだ。突っ込みいれても仕方ない。

最初に観た回だったと思う。いや、次の回だったか。

ある女学校に赴任した主人公の、女子生徒に対するスポーツ奨励方針が父兄の反感を買い教師罷免運動に発展、それに異を唱える女子生徒たちのストライキになって大騒動になるのだが、巻き込まれた主人公の弁舌が聞きものだった。胸が熱くなった。

以降、毎回目頭が熱くなったり、涙があふれたり。そんなエピソードの連続なのだ。

大泣きしたこともある。嘉納治五郎（役所広司）が死去した回だ。死去したことが悲しい、かわいそうというのではない。志半ばでついえたオリンピックの日本開催、残された田端（阿部サダヲ）たちの、政治が介入し戦争のプロパガンダに利用されそうになることへの抵抗、想い、開催断念への方向転換。彼らの気持ちが画面の隅々からほとばしっていた。

アスリートたちのオリンピックにかける意気ごみ、勝敗に対する一喜一憂は言わずもがな。

毎週、感動するなんてこと、これまでの大河ドラマではなかった。

大河ドラマを自分の意志で観始めたのは『勝海舟』だった。

史実としての忠臣蔵に興味を抱いてからというもの関連書をあたるようになった。そこからいくつかの事件、事象に興味が派生していつしか江戸時代がマイブームに。もう二十数年前のこと。

それからはというもの大河ドラマに江戸時代が取り上げられると必ず視聴するようになった。何作かは江戸時代ではなかったが。

1974年　『勝海舟』

1977年　『花神』

1991年　『太平記』　途中断念

1993年　『琉球の風』　途中断念

1995年『八代将軍　吉宗』
1996年『秀吉』　途中断念
1998年『徳川慶喜』
1999年『元禄繚乱』
2000年『葵　徳川三代』
2010年『龍馬伝』
2012年『平清盛』　途中断念
2015年『花燃ゆ』

熱狂的な大河ドラマファンに比べ観た作品は少なく、お前が断言するなと言われそうだが、少なくとも自分の経験からすれば、毎回ドラマで描かれるエピソードに目頭熱くするなんてことはなかったのだ。

これは特筆できる。

負の歴史もきちんと描いていた。

関東大震災時の朝鮮人虐殺、ベルリンオリンピックのマラソン日本人金メダリストの出自。

舞台が、オリンピック噺高座の演じられているドラマの中の現在、1959年（昭和34年、僕が生まれた年だ！）になってから驚いた。1964年（昭和39年、弟が生まれた年だ！）に東京オリンピック開催が確定してからの話。開催に介入してくる政治家を悪として描いているのだ。浅野忠信演じる川島正次郎なんて完全な敵役だもんな。江戸時代以前の歴史ドラマの敵役ならいざ知らず、昭和の時代の人物だ。子孫はどう思うのか、なんて余計な心配をしてしまう。

東京オリンピック２０２０批判に感じられるのはこちらのうがち過ぎか。

各回のサブタイトルも楽しい。内容にちなんで小説や映画、歌等のタイトルを引用している。

たとえば、第1回は「夜明け前」、2回めは「坊っちゃん」。僕が視聴し始めたころには「恋の片道切符」「櫻の園」なんていうのがあった。「替り目」は落語の演目。内容も「替り目」のストーリーを織り込んで。そのほか、「夢のカリフォルニア」「黄金狂時代」「トップ・オブ・ザ・ワールド」「独裁者」「仁義なき戦い」「２２６」「民族の祭典」……。「前畑がんばれ」は当該オリンピック中継でアナウンサーが連呼して話題になった。本人がこのタイトルで本を書いている。

「おれについてこい！」も東京オリンピック開催前後話題になったのだろう。女子バレーボールが金メダルを獲ってから、大松監督と選手たちのメダル獲得までの苦難の道のりがこのタイトルで映画化されている。

どちらも当時流行語大賞があったなら大賞を受賞しているのではないか。

最近だと「バック・トゥ・ザ・フューチャー」「東京流れ者」「ヘルプ！」「ぼく（僕）

たちの失敗」「火の鳥」の流れに笑ってしまった。無茶苦茶じゃないか。クドカン、遊んでるなあ。


最後に高橋是清を演じたショーケンについて。

高橋是清、当然名前は知っているがどんな容貌だったのか思い浮かばない。そんな僕が高橋是清に扮したショーケンの画像をネットで見て膝を打った。実にそれらしいのだ。ドラマ『どこにもない国』で吉田茂を演じたときは、頭を剃り、口に詰め物を入れて頬を膨らませといった処置で実在の人物に似せていた。対して『いだてん　～東京オリムピック噺～』では、今のショーケンの風貌を活かした高橋是清像だった。これが渋くて貫禄がにじみ出ていた。実際の高橋是清の写真を見てわかったことだが。全くの逆のアプローチをしていていることに瞠目した。

わずかな出演だったが、確かに『いだてん　～東京オリムピック噺～』にショーケンありの爪痕を残した。『勝海舟』の人斬り以蔵、『元禄繚乱』の徳川綱吉とともに大河ドラマにその名を刻んだのだ。

70代のショーケンを観たかった。

復活を確信してから願っていたことだ。

これまでのスター（時代を体現した俳優）のそれとは違って、これまでのイメージを打ち破るような演技を魅せてくれるのではないか。

そう思わずにはいられなかった。

一度夫妻で海外移住するという話を聞いて、正式には表明しないもののほぼ引退ということではないかと残念に思ったものだ。映画の企画はことごとく立ち消えになる、ドラマ出演のオファーはない、ファンの前に現れるのはライブだけ。そんな現状に嫌気がさしたのか？　でも、すべては自分が蒔いた種だもの、愛する人と二人で暮らすのも、それはそれでいいのかもしれない。

そう自分を納得させていたら、ＮＨＫ『どこにもない国』、『不惑のスクラム』で、70代に向けて新たな愉しみができた。まさか病気だなんてことはこれっぽっちも頭をかすめていないから。

とにかく、ショーケンが出演しなければ『いだてん　～東京オリムピック噺～』を観ることはなかったし、『いだてん　～東京オリムピック噺～』が素晴らしいドラマであることもわからなかったのだ。

感謝します。

２０１９／９／14

THANK YOU MY DEAR 萩原健一

おわりに

ショーケン、最後もＮＨＫだったな。これも何かの縁なのか。『いだてん　～東京オリムピック噺～』の、ショーケン最後の出演回を観終わってつぶやいた。心の中で。

というか、晩年（なんて言葉は使いたくないのだけれど）のショーケンを役者として起用したのはＮＨＫだけだった。いや、テレビ朝日で2時間ドラマ『明日への誓い』があったか。復帰後民放のドラマはただこれだけ。映画も『TAJOMARU』以降は皆無。対してＮＨＫはＢＳの『鴨川食堂』を皮切りに地上波で『どこにもない国』『不惑のスクラム』『いだてん　～東京オリムピック噺～』と続いた。

ショーケンの実質的な俳優デビューは映画『約束』であるが、ＴＶドラマに起用したのはＮＨＫが最初だった。アイドル時代のゲスト出演ではなく、俳優転身後の本格的なレギュラー出演という意味で。

それが月曜夜8時からの『明智探偵事務所』。明智小五郎に夏木陽介。怪人二十面相は米倉斉加年。少年探偵団は登場せず、代わりにショーケンや高橋長英が明智の助手をつとめる。ショーケンの出演はけっこう話題になったと記憶しているが、ＶＴＲが残っていないこともあって今では完全に忘れ去られてしまった。とはいえ、僕に役者ショーケンを印象づけた忘れられないドラマなのである。ストーリーは忘却の彼方だけれど。

そして、大河ドラマ『勝海舟』。出番は少なかったが、岡田以蔵役はとんでもないインパクトを残した。

リアルタイムでは観ていない（放送自体知らなかった）が、大河ドラマ初出演の前に単発ドラマに主演している。『河を渡ったあの夏の日々』である。山田太一脚本の昭和48年度芸術祭参加作品（テレビドラマ部門優秀賞）。佃島を舞台に、老人と老人の家に下宿する若者の断絶、対立を描いたドラマ。老人役は西村晃、若者にショーケンのほか鈴木ヒロミツがいて演歌世代ｖｓロック世代の雰囲気があった。二人は最後までわかりあえない。もちろんそれだけで終わるわけではなかったが。

90年代で忘れられないのがニューウェーブドラマシリーズだ。ＮＨＫの若手ディレクターが気鋭のシナリオライターと組んだ単発ドラマの競作シリーズ。ショーケンは『ネコノトピアネコノマニア』で主人公の若者に絡む得体のしれない中年男を演じていた。

個人的にはシリーズ第二弾『ビデオレター』が忘れがたい。00年代になって一時ＰＯＶ（ポイント・オブ・ビュー＝主観撮影）映画が何作か公開されたが、その先駆となるドラマだった。ショーケンが小学生の父親に扮し、息子と車で旅行する。その模様を、持参したビデオカメラで録っていく。ドラマはこのカメラで録られた映像だけで構成されているのだ。

土曜ドラマ『放送記者物語』もあった。終戦直後のＮＨＫで誕生した放送記者の切磋琢磨ぶりを描いていて、ショーケンは主人公たちを教育する管理職を演じていた。

ショーケン最期の日々を追った『クローズアップ現代』を観終わったときはこう思った。この映像素材を使ってNHKはショーケンのこれまでの足跡と絡めて長編ドキュメンタリーを作るのではないか？　地上波あるいはBSで放送されるのか、劇場公開になるのかはわからないけれど。この番組はあくまでもその予告編、名刺代わりなのでは？　ショーケンの最後の8年間を私的に記録した50時間超の映像を本人から託されたわけだから。

残念ながら、そんな話は伝わってこなかった。

せめて、『ANDREE MARLRAU LIVE』の完全版を制作し特別上映されれば、なんて期待していたのだが。

特集上映もなかった。『萩原健一映画祭』が開催されていたとき、「オレはまだ死んじゃいねえぞ」とショーケンは親しい脚本家に語っていたという。その伝で言えば、今こそ映画祭を開催するべきではないか。いや、デジタル上映の時代なのだから、映画に限定しないで、VTR仕様のTVドラマ、ライブも含めての『萩原健一まつり』ができるのに。

個人的にはこんなイベントを夢想した。『ANDREE MARLRAU LIVE』と『傷だらけの天使』のカップリング上映。ショーケンのドラマとライブの傑作をスクリーンで堪能したい！

『傷だらけの天使』は何話をセレクトしようか。日本テレビは深夜に追悼で第一話&最終話を放送した。ならば、こちらは第7話「自動車泥棒にラブソングを」はどうだろう。自動車盗難事件に端を発し、ゲストの川口晶と逃避行する修と亨。脚本・市川森一。監督・恩地日出夫の実質的な第1話。この組み合わせならば第19話「街の灯に桜貝の夢を」でもいい。ゲストは関根恵子で亨のヒモの先輩として大口広司（元テンプターズ）が顔を見せる。

『不惑のスクラム』の番宣を見る機会があった。ショーケンがインタビューを受けていて、自身の役柄を説明したあと、唐突に「死んじゃうんだけどね」。驚いた。そんなこと番組が始まる前に言っていいのか？　訃報を知ってからもしかしたら、と。あれはファンに対するショーケン流の別れの挨拶だったのでは？　にもかかわらずオレときたら……。ショーケンの腹ばかりが気になっていた。幸せ太り。そんな言葉を頭に浮かべながら。病気だなんてことに全く考えが及ばなかった。自分の不明を恥じるばかりだ。

ショーケンの訃報は衝撃だった。『不惑のスクラム』で復活を確信し、これからの活躍を大いに期待、楽しみにしていたのだから当然だろう。衝撃だったけれど、落ち着いてからこう思い直した。その潔いともいえる消え方はショーケンらしいな。自分もその日が来たら参考にさせてもらおう。

僕は1959年（の10月）に生まれた。1歳から10歳までが60年代、70年代はまるまる十代が当てはまる。一番多感な十代を過ごしたからだろうか、70年代には特別の想い入れがある。そんな時代の若者像を体現してくれたのがショーケンだった。この時代におけるショーケンの活動を深掘りする人はいないのか。
ショーケンと70年代——
映像でも活字でもいい。そのぐらいの存在だったと思う。あの時代のショーケンは!!
ありがとう!　ショーケン

著者プロフィール

新井 啓介（あらい けいすけ）
1959年　群馬県生まれ。
2000年　書評と映画評のサイト「夕景工房」を開設。毎週の更新を8年間続ける。07年からは、ブログ「もうひとつの夕景工房」にてエンタテインメント時評を展開している。
01年～08年　サブカル・ポップマガジン『まぐま』に、映画とその原作を比較、検証するコラム「小説と映画のあいだに」を連載。17年からは『まぐまPB』に特撮関連記事を寄稿する。
16年～19年　神保町「ブックカフェ二十世紀」店長として、トークライブ等さまざまなイベントを企画、開催。その一つ、「午後のぶらり寄席」は会場を変えて現在も継続中。
映画サークル「楽生會シネマDEりんりん」のメンバーでもあり、イベント等の企画運営を担当している。
著書　『夕景工房　小説と映画のあいだに』（studio zero/蒼天社）
　　　『僕たちの赤い鳥ものがたり　1978-79』（文芸社）※
※『悲しいくらい純情で 泣きたいくらいバカだった　1978 僕たちの赤い鳥ものがたり』と改題、奥野陽平名義で電子出版される。

THANK YOU MY DEAR 萩原健一

2025年３月26日　初版第１刷発行

著　者　新井 啓介
発行者　瓜谷 綱延
発行所　株式会社文芸社
〒160-0022　東京都新宿区新宿１－10－１
電話　03-5369-3060（代表）
03-5369-2299（販売）

印刷所　株式会社暁印刷

ISBN978-4-286-26239-0